SPORT
VERLAG

MAX MERKELS

LÄSTER-LEXIKON DES FUSSBALLS

Mitarbeit: Fritz Hautsch
Cartoons: Wolfgang Schubert

Sportverlag Berlin

ISBN 3-328-00486-6

Erste Auflage
Das Buch versteht sich als Satire im Sinne des Gesetzgebers.
Titelfoto: Sammy Minkhoff
Einbandgestaltung: Theodor Bayer-Eynck
Printed in Germany
Satz: IBV Satz- und Datentechnik GmbH, Berlin
Druck und Bindung: Graphischer Großbetrieb Pößneck GmbH,
Ein Mohndruck-Betrieb

Vorwort

Fußball ist heute ein „Millionen-Spiel", freilich spielten wir früher auch nicht um *Schusser* (Murmeln). Doch nie war's der schnöde Mammon alleine, warum ich dem runden Leder ein Leben lang zugetan war. Das Schönste am Fußball war für mich zeitlebens vielmehr, daß ich mit jungen Menschen in Berührung kam und dadurch selbst jung geblieben bin.

Zu meinem Lieblingssport gehört neben dem Ball vor allem der Flachs. Der blühte, wo immer ich in der Welt gegen die Kugel trat. Was lag also näher, als den Fußball mal auf den Arm zu nehmen. In diesem Buch hab' ich es getan. Sehr oft lustig, manchmal besinnlich, ab und an auch mal bissig. Deshalb bin ich mir auch sicher, daß sich einige wieder auf den Schlips getreten fühlen werden – doch der Spaß war's allemal wert.

Damit wäre auch die Frage meiner Frau Marion „Max, warum schreibst du denn schon wieder ein Buch?" zum größeren Teil beantwortet. Weil ich eine „ehrliche Haut“ bin, will ich auch einen weiteren Grund nicht verschweigen. Und der heißt: Die Gage hat gestimmt!

Viel Spaß beim Lesen wünscht

Darf ich mitspuin? – Die Karriere eines Meister-Machers …

Ich kann's ja selbst nicht glauben, daß ich schon so ein „alter Knochen" bin. Und wer mich auf dem Tennisplatz im Doppel wirbeln sieht, der würde mich bestimmt nicht für einen „Siebziger" halten. Dementsprechend angefressen bin ich auch, wenn mich einer auf mein Alter anspricht. Wie jene Dame eines Fernsehsenders, die von mir unbedingt die Nachteile des Älterwerdens wissen wollte. „Ich merk's schon", hab' ich ihr geantwortet, „nach der dritten Nummer tun mir neuerdings immer die Knie so weh.« Ja, wer dumm fragt …

Intakt ist – Gott sei Dank – auf alle Fälle noch mein Hirn. Deshalb kann ich mich noch ganz genau an die Anfänge meiner Fußball-Karriere erinnern. 1929 war's, als ich meine Liebe zum runden Leder entdeckte. Freilich war ich erblich vorbelastet. Mein Vater war Offizier. Täglich ritt er fünf Pferde, betreute nebenbei Militärmannschaften. Unsere Familie wohnte damals in einer Kaserne in Simmering bei Wien, und wir Buben hatten da jede Menge Platz zum Bolzen. Im Sommer auf

dem großen Kasernenhof, im Winter in der Reithalle.
Seit ich denken kann, war ich Fan von Rapid Wien. Doch durch einen Unteroffizier wurde ich überredet, es bei der Austria zu versuchen. Die sagten aber, ich sei noch zu jung.
Eines Tages erschien in der Zeitung ein Aufruf. Rapid suchte Buben, die Lust und Talent für den Fußball haben. Also bin ich raus nach Hütteldorf und bat: „Darf ich mitspuin?“ Ich durfte – als Mittelstürmer. Obwohl ich im Probespiel ein paar Tore schoß, entschieden die Trainer: „Du spielst in der Jugend Verteidiger.“ Ich hatte meinen Stammplatz fürs Leben gefunden. 20 Jahre sollte ich bei Rapid bleiben.
Nach jedem Training bekam ich zwei Straßenbahnscheine in die Hand gedrückt. Einen fürs Heimfahren, den anderen fürs Wiederkommen. Ach ja, und dann gab's nach jedem Donnerstagtraining noch ein paar Würschtl mit Gemüse. Wir haben uns gefühlt wie die Könige. Heute wird das kein talentierter Jugendspieler mehr nachvollziehen können. Schließlich bekommen die heute ja schon im Schüler-Alter Puderzucker in den Allerwertesten geblasen.
Um ihre berufliche Zukunft müssen sich die Herren „Stars von morgen“ kaum sorgen. Das war bei uns ganz anders. Schließlich konnten selbst die besten Fußballer nicht von ihren Künsten auf dem grünen Rasen leben. Was mich betrifft, so gab es damals, 1933, viel größere Talente als

mich. Aber ich hatte einen unbändigen Willen. Wenn der Trainer anordnete, wir hätten sechs Runden zu laufen, lief ich 12. So arbeitete ich mich zum Kapitän der Jugendelf empor, kam mit 18 Jahren in die Rapid-Reserve.

Zwischendurch bemühte ich mich – nach Volks- und Hauptschule – um eine Lehrstelle. Das war damals gar nicht so leicht. Ich bin von Geschäft zu Geschäft, bettelte: „Bitte, brauchen Sie einen Lehrbuben?" Ein Friseur sagte zu mir: „Morgen kannst du anfangen." Beim Heimfahren aber überlegte ich: Da mußt am Abend noch die Haare zusammenkehren und kommst viel zu spät zum Training. Das ist nicht das Passende.

Da kam mir der Zufall zu Hilfe. Die „Vaterländische Front" stiftete einem begabten Jungen einen Freiplatz am Polytechnikum. Ich hab' also meine Zeugnisse vorgelegt, und sie haben mich genommen. Ich studierte acht Semester, dann machte ich mein Examen als Maschinenbau-Ingenieur. Mein Abschlußzeugnis wies nur einmal die Note „gut" auf. In allen anderen Fächern hatte ich ein „Sehr gut".

Ich spielte also in der Reserve. Alle zehn Tage bekam ich 10 Schilling, nach einem halben Jahr wurde mein „Gehalt" auf 30 Schilling erhöht. Ein Vermögen damals. Für einen Schilling hat man damals schon eine Suppe und ein Schnitzel bekommen.

Endlich schlug meine große Stunde. Edi Bauer, der Trainer unserer „Ersten", sagte an einem

Montag zu mir: „Am nächsten Sonntag, gegen Wacker, spuist." Vor lauter Aufregung bekam ich am nächsten Tag Fieber. Gesagt hab' ich nix, nur trainiert, trainiert, trainiert. Dementsprechend fiel dann auch mein Debüt aus. Ich bin g'rennt und g'rennt, aber einen Ball hab' ich net gesehen. Auch wenn wir 3:0 gewannen – die erste Chance war vertan. Und eine nächste gab's so schnell nicht. Also bin ich 1938 zum Sportklub.

Es folgten Arbeitsdienst und sieben Jahre Militär. Fußball hab' ich da beim Luftwaffen-Sportverein Neubiberg bei München gespielt. Ein Spezi schleppte mich zwar in dieser Zeit zu 1860, aber die haben nur abgewunken: „Wir haben genug Spieler." Das war mein erster Zirkus, den ich mit den „Sechz'gern" hatte.

Aber ich darf mich nicht beschweren, ich hatte in dieser schweren Zeit auch Glück. Kurz vor Ende des Kriegs wurde ich in Wien am Meniskus operiert. Als die Russen einmarschierten, lag ich im Krankenhaus. So entging ich der Gefangenschaft. Aus der kehrten alsbald meine Freunde Bimbo Binder und Robert Körner zurück. Sie überredeten mich, wieder zu Rapid zu gehen. Zuerst machten wir sogenannte „Kalorienspiele". Aus Ungarn und der Tschechoslowakei brachten wir Zucker, Reis und Sacharin mit. Aus der Schweiz kehrte ich einmal mit 80 Kilogramm Schokolade zurück. Aus Luxemburg brachten wir die ersten Schuhe und Stoffe heim.

Aber es ging aufwärts. 1948 machten wir unsere

erste Südamerika-Tournee. Unser erstes Spiel gegen Vasco da Gama ging gleich mit 0:5 in die Hosen. Ich kann mich noch gut erinnern, wie deren Manager an der Seitenlinie rumrannte und seine Rastellis anflehte: „Aufhören!" Die hätten uns locker zehn reinhauen können – dann wären aber zu den nächsten Spielen keine Zuschauer mehr gekommen.

13 Spiele waren für acht Wochen ausgemacht. Bald sind wir draufgekommen, daß wir bei Tageslicht eine Chance hatten. Kaum aber war das für uns ungewohnte Flutlicht angeschaltet, ging's den Bach runter. So schlugen wir am Tag den FC Sao Paulo 4:2, bei Nacht unterlagen wir 0:2. Überhaupt schossen wir bei Flutlicht kein einziges Tor! Während der Tournee haben wir übrigens unser System umgestellt, spielten erstmals mit Ausputzer. Sein Name: Ernst Happel...

Zurückgekehrt, schworen wir uns: „Ab sofort spielen wir brasilianisch." Rapid hatte schöne Erfolge damit. In einer einzigen Woche schlugen wir Middlesborough 2:1, Englands Meister Arsenal London kam sogar mit 1:6 unter die Räder. Am Ende standen die britischen Stars Spalier und haben uns applaudiert. Es folgte ein 2:0 gegen Stade Francaise. Daran erinnere ich mich noch besonders gut. Denn plötzlich, während des Spiels, war unser Ausputzer Happel verschwunden. Der Ernstl genehmigte sich in der Kabine eine Coca-Cola – so hatten wir die im Sack. Es folgte ein 6:1 gegen die Kopenhager Stadtauswahl. Das Rapid-

Präsidium war so begeistert, daß es von dieser Traumwoche extra eine Goldmünze prägen ließ.
Ich hab' mit Rapid viele Erfolge gefeiert und die Welt gesehen. So waren wir in Kolumbien, den USA, in Guatemala, Costa Rica, San Salvador, Panama, Curaçao und Trinidad.
Doch alles hat einmal ein Ende. Als ich 35 Jahre alt war, spürte ich den Atem der Jüngeren schon verdammt nah in meinem Nacken. Ich entschloß mich zum Aufhören.
Mein Abschiedsspiel ging am 30. März 1954 über die Bühne. Das Stadion war voll und der Gegner – die Brasilianer von Flamengo – vom Feinsten. Vorm Spiel bekam ich 20000 Schilling, dann schenkte ich ein. Nach sieben Minuten trat Körner einen Eckball nach innen. Ich rief dem Hanappi noch zu, „He zruack, Kloaner«, dann nahm ich den Ball volley aus der Luft. Peng, Tor! Die Zuschauer haben getrampelt, und ich bin sofort raus. In der Kabine hab' ich geheult wie ein kleines Kind.
Am Tag danach begann meine Karriere als Trainer. Ich hatte ein Angebot des Amateurklubs HBS Den Haag angenommen. Ein kleiner, aber ganz feiner Verein. Die Mitglieder spielten im Sommer Cricket oder Tennis, veranstalteten Autorennen. Die Spieler wurden nicht nach ihren körperlichen oder spielerischen Qualitäten beurteilt, vielmehr mußten sie vor eine Kommission, die ihre Familien durchleuchtete. Ob gewonnen oder verloren wurde, spielte keine Rolle. Haupt-

sache, das gesellige Beisammensein stimmte.
Damit konnte ich natürlich nicht zufrieden sein. Deshalb kam mir 1955 das Angebot vom holländischen Verband, Nationaltrainer zu werden, gerade recht. Zwar boten die Herren mir nur 1000 Gulden Monatsgehalt, während Sparta Rotterdam mit der doppelten „Marie" lockte, aber der Verband versprach mir außerdem eine Siegprämie von jeweils 1000 Gulden. Freilich – als ich das Angebot annahm, konnte ich nicht wissen, daß die Mannschaft nur einmal verlieren würde.
Den größten Sieg feierten wir am 26. März 1956. Durch zwei Treffer von Lenstra schlugen wir Deutschland 2:1. Zur Erinnerung: Die Deutschen waren damals amtierender Weltmeister. Danach lag ganz Holland tagelang im Fußballrausch.
Doch es kamen auch die Neider aus ihren Löchern. Das sollte ich im Fußball noch oft erleben. Nach einem Disput mit dem Verband kehrte ich zu Rapid Wien zurück.
Im Sommer 1958 erhielt ich ein Angebot von Borussia Dortmund. Die Borussen waren 1956 und 1957 Deutscher Meister gewesen, aber jetzt sollte ich eine neue Elf aufbauen. Was ich auch mit Feuereifer tat. Viele der Spieler, die 1962 Meister und 1966 Europacupsieger der Pokalsieger wurden, hab' ich zur Borussia geholt. In meinem dritten und letzten Jahr in Dortmund, 1961, erreichten wir das Endspiel um die Deutsche Meisterschaft. Der 1. FC Nürnberg erwies sich als stärker, gewann 3:0.

Obwohl da eine große Mannschaft heranreifte, ging ich danach zu 1860 München. Ich wollte einfach wieder in den Süden, näher an Wien dransein. Aber in München wartete eine Menge Arbeit auf mich. Die Mannschaft war ziemlich runtergekommen, wie sollten wir da die Qualifikation für die neugeschaffene Bundesliga schaffen? Ich modelte die Elf total um. Der Merkel und die Spieler mußten werkeln. Auf dem Spielfeld war Kampf Trumpf, und obwohl's spielerisch viel bessere Teams gab als uns, wurden wir 1962 doch vorm Erzrivalen Bayern Süddeutscher Meister. Wir kamen in die Bundesliga, die Bayern blieben draußen.

Fast jedes Jahr konnten wir einen Erfolg verbuchen. 1964 wurden wir Pokalsieger, 1965 standen wir gegen West Ham im Europacup-Finale, 1966 wurden wir Deutscher Meister. Eigentlich hätte es so weitergehen können. Doch die Herren Stars wurden bequem. Plötzlich war ihnen mein Training zu hart, die Betten im Trainingslager waren zu weich, die Steaks auf dem Teller zu zäh. Nach einer Spieler-Revolte packte ich im Dezember 1966 meine Koffer. 1975 übrigens hab' ich das bei den Löwen nochmal gemacht. Auslöser war damals allerdings kein Krach mit den Spielern; es gab vielmehr massive Meinungsverschiedenheiten mit dem Präsidium.

Sei's drum: Seit 1966 hatte ich das Prädikat „Max Merkel = MM = Meister-Macher" weg. Ich übernahm den abstiegsbedrohten 1. FC Nürn-

berg, rettete ihn vorm Sturz in die Regionalliga. Und wieder geschah ein „Wunder" – 1968 wurden wir Meister. Es ist der bislang letzte Eintrag auf dem Briefpapier des Clubs. Ich mußte jedoch erkennen, daß Fußballer in jeder Stadt gleich sind. Sobald sich der Erfolg einstellt, wollen sie am liebsten zum Training getragen werden. Wir haben uns also getrennt, der Club und ich.
Doch ich stand als Trainer endgültig auf der Sonnenseite. Noch viel mehr, als ich in Spanien beim Aufsteiger Sevilla anheuerte. Auf Anhieb wurden wir Dritter. Man holte mich zu einem der großen iberischen Traditionsklubs, zu Atletico Madrid. Auch wenn die Mentalität der spanischen Fußballer viel zu wünschen übrig läßt, wir hauten uns wie die Torreros ins Getümmel. Es folgte der Pokalsieg 1972, die Meisterschaft 1973 – olé!
In der Bundesliga bin ich noch zweimal aufgetaucht. Zuerst bei Schalke 04. Da hab' ich mir viele Freunde, aber auch viele Feinde gemacht. Es begann wohl schon damit, daß ich gesagt habe: „Das schönste an Schalke ist die Autobahn nach München."
Nach einem Gastspiel bei Zweitligist FC Augsburg wollte ich mich eigentlich aufs Altenteil setzen. Doch da rief der Karlsruher SC in akuten Abstiegsnöten nach „Doktor Merkel". Ich fand die rechte Therapie, wir putzten unter anderem Meister Bayern 4:0 und blieben drin. Noch heute trag' ich die goldene Uhr am Handgelenk, die

mir ein seliger KSC-Präsident zum Abschied schenkte.
Früher haben mich die Fußballer wegen meiner harten Trainerhand gefürchtet. Heute zittern sie, wenn ich zum Kugelschreiber greife. In meinen Kommentaren für die BILD-Zeitung nehm' ich mir nie ein Blatt vor den Mund. Die treffen die verhätschelten Stars oft viel mehr, als es das schlimmste Straftraining kann...

A-Länderspiel

Arbeitsnachweis für den Bundestrainer. Sonst hätte er ja gar nix zu tun.

A-Mannschaft

Normalerweise heißt's: Wer A sagt, muß auch B sagen. In diesem Fall heißt's aber: Wer sich zuerst nicht in der B-Elf müht, darf auch später nicht in der A-Elf glänzen.

Abblocken

Hier wär' ein breites Kreuz von Vorteil. Aber wer hat das schon?

Abbruch

Wenn das Mannschaftsgefüge baufällig ist, sind alle froh, wenn der Schiri das Spiel abbricht.

Abfälschen

Derjenige, der einen Schuß zum Siegtor für den Gegner abfälscht, sollte aus Fairneßgründen dann auch an der Siegprämie beteiligt werden.

Abfangjäger

Nach dem Sieg geht's in die Disco. Und da werden die zweibeinigen Hasen abgefangen.

Abfeuern

Wird's mit Feuerwerkskörpern gemacht, wird manchmal ein schlimmes Spiel wohltuend vernebelt.

Abgeben

Reizwort für alle Profis. Die handeln ja schließlich nach dem Motto: Nehmen ist seliger denn geben...

Ablösespiel

Beherrscht keiner so gut wie die „Treuhand".

Ablösesumme

Besser Erlösungssumme genannt. Schließlich wird man durch sie von einem „Geradeausläufer" erlöst. Allerdings ist die Gefahr groß, daß danach eine Betrugsanzeige eingeht. Der neue Verein dachte ja, er würde einen Fußballspieler bekommen...

Abpfiff

Bei den meisten Spielen der erlösende Augenblick - man darf heimgehen. Von vielen Zuschauern wird er jedoch auch als unerfreuliche Schlafstörung gesehen.

Abrackern

Der Ball jagt mich, aber ich bin schneller.

Abschiedsspiel

Macht die Überzahl unserer Profis zehn Jahre zu spät. Immerhin: da gibt's teilweise mehr Kohle zu verdienen als in der gesamten Karriere zuvor.

Abschlag

Erinnert mich nicht nur vom Namen her an den Golfsport. Unsere Torhüter treffen ebenso selten den eigenen Mann wie ein Golfer direkt ins Loch. Beim Golf gibt's allerdings für ein „hole in one" meist einen dicken Mercedes. Vielleicht würde so eine Prämie auch die Treffsicherheit der Torleute steigern.

Abschlusstraining I

Letzte Übung eines Profis, bevor er in die (verdiente?) Rente geht.

Abschlusstraining II

Spazierengehen kann man auch im Park...

Abseits

Zu weit vorne ist auch nicht gut...

Abseitsfalle I

Wurde eingeführt, damit nicht nur ein Spieler einsam im Abseits steht.

Abseitsfalle II

Hängt sehr von der Intelligenz der gegnerischen Stürmer ab.
Merke: Nur die Dümmsten fallen auf sie noch rein.

Abseitsverdächtig

Dafür hat jeder Crack sein Alibi.

Absichtliches Handspiel

Kommt immer drauf an, wer's macht. Der Torwart zum Beispiel soll's sogar machen.

Abstauber

Der einzige Mann, der im Haushalt hilft.

Absteiger I

Alte Regel: Wer oben ist, muß irgendwann auch mal wieder runter.

Absteiger II

Nicht jeder, der eigentlich einer ist, muß auch in der Wirklichkeit runter.

Absteiger III

Viele bleiben oben und spielen dennoch wie Absteiger.

Abstieg

Kann drei Ursachen haben: Frauen, Wetten oder das Befragen von Fachleuten.

Abstiegsgespenst

Eigentlich ein „weißer Schimmel". Das Gespenst braucht's gar nicht, der Abstieg alleine ist schon Schrecken genug.

Abtropfen lassen

Paßt eher zum Frauenfußball. Die haben damit vom Geschirrspülen her reichlich Erfahrung.

Achillessehne

Der ideale „Treffpunkt" beim Gegenspieler.

Achtungserfolg

Scheiß ich als Trainer drauf...

Afrikanische Fußballer

Die einzigen, die Farbe ins triste Bundesliga-Einerlei bringen. Wird im Winter auf Schneeboden selbst dem Dümmsten klar.

Aktionsradius

Gut, wenn man einen großen hat. Aber es gab auch Spieler, die nur den eines Bierdeckels hatten und dennoch brandgefährlich waren.

Alibi-Pass

Den beherrschen die meisten. Frei nach dem Motto: Da hast du die Kugel – mach' doch du den Fehler!

Alleingang

Wo bitte bleiben die anderen 10?

Allerweltsfußball

Dieses „Menü" steht in der Bundesliga leider viel zu oft auf der Speisekarte.

Alt-Bundestrainer

Im verklärten Glanz der Vergangenheit hat er immer recht gehabt.

Alte Herren

Wenn die spielen, brauchst fast mehr Sanitäter als Spieler. Die hauen nämlich rein wie die lustigen Holzhacker-Buam. Außerdem sollte an der Seitenlinie stets ein Kran bereitstehen. Denn wenn von den Schwergewichtlern einer hinfällt, kommt er von alleine nicht mehr hoch.

Altinternationaler

Ja, die Erinnerung, die macht mich wieder jung.

Amateur

Unterscheidet sich wesentlich vom Profi. Der zahlt nämlich Steuern. Der Amateur kassiert dagegen das gleiche Geld – aber netto.

Americo

„Medizinmann“ der Brasilianer bei ihren WM-Siegen 1958 und 1962. Hatte nicht nur Ähnlichkeit mit George Foreman in dessen späten Jahren, sondern sah auch aus wie ein fleischgewordener Arzneischrank.

Anbieten

Nicht sehr empfehlenswert. Denn wer sich anbietet, senkt seinen eigenen Marktwert.

Angriffs-Fußball

Erinnert mich an Eheversprechen. Das wird allerdings wesentlich öfter eingehalten. Und: Das Versprechen, auf Angriff zu spielen, ist auch – im Gegensatz zum Eheversprechen – nicht einklagbar.

Angriffsspitze

Findet man in der Bundesliga selten wie einen lupenreinen Diamanten. In der Regel gilt: Wer sich an unseren Angriffsspitzen sticht, wartet ein Leben lang auf die Schmerzen.

Angstgegner

Es gibt Mannschaften, denen macht einfach jeder Gegner Angst...

Anpfiff

Wenn ihn der Schiri macht, ist er ja noch erträglich. Kommt er jedoch vom Trainer, möchten die Spieler lieber mit einer Sekretärin tauschen. Die hat nämlich Alternativen. Etwa: Lieber mit dem Chef ins Bett gehen als einen Anpfiff kriegen.

Anschneiden

Am besten bei einer Torte zu machen. Mit dem Messer. Mit dem Ball ist's viel zu schwer.

Anstoß

Man sollte sich danach immer entschuldigen.

Anti-Kicker

Probates Mittel bei meinem Training: Spieler mußten ihren Kopf schütteln. Wenn mich einer fragte, ob das gut für die Nackenmuskeln sei, bekam er zur Antwort: „Das auch. Aber in erster Linie müßt ihr das machen, wenn ein Reporter wissen will, ob ihr Fußball spielen könnt."

Antritt

Kommt selten vor, da die Gefahr von Zerrungen viel zu groß ist.

Anzeigetafel

Ist der Programmierer ein Witzbold, kann er auf ihr die Fans über das Trauerspiel auf dem Rasen hinwegtrösten.

Arbeitssieg

Im Fußball praktisch unmöglich. Oder haben Sie schon mal einen Fußballer arbeiten sehen?

Argentinien

Das Land des zweifachen Weltmeisters ist für seine saftigen Koteletten (Rinder) berühmt. Manche Präsidenten (Menem) tragen sie sogar im Gesicht.

Assistenztrainer

Weiß einfach alles über den Fußball. Vor allem, wie man ihn einfettet und unfallfrei aufpumpt.

Aufholjagd

Begeistert das Publikum. Ist aber auch für die Akteure eine Riesenstrapaze.

Auflaufen lassen

Nix zum Essen. Auch wenn viele Trainer ihre Mannschaften scheinbar nach dem Kochbuch aufstellen.

Aufreißen

Bevor einer die gegnerische Abwehr aufreißt, reißt er schon lieber in der Disco einen Hasen auf. Auch wenn die „Siegprämie" in diesem Fall nicht Cash, sondern in Naturalien bezahlt wird.

Aufsetzer

Schaffen unsere Fußballer wesentlich öfter daheim als auf dem Spielfeld.

Aufstellung

Steht meist vor dem Spiel an der Tafel. Aber es gibt halt immer einige, die nicht lesen können.

Aufstieg

Sauarbeit, die nur selten was nutzt. In der nächsten Saison fliegt man eh wieder runter.

Aufstiegsrunde

Schlecht für die Hintern der Spieler, denn da geht's stundenlang über die Dörfer – und alles im Mannschaftsbus.

Aufstützen

Je älter ein Mann, desto mehr muß er sich aufstützen. In jungen Jahren geht's auch noch im Stehen...

Auf Zeit spielen

Doppelstrategie, mit der man den Gegner ärgert und die Zuschauer verjagt.

Augenthaler, Klaus

Spieler, der trotz erheblicher Mängel immer wieder durch den „TÜV" kam.

Aus

Ähnlich wie im Tennis auch im Fußball eine ewige Streitfrage.

Ausgleichstreffer

Es gibt Treffer, die gleichen nicht annähernd das Grauen aus, das die Zuschauer beim Gewürge der 22 Spieler zuvor befallen hat.

Ausländer

Gibt's zumindest im Fußball ab 1993 nicht mehr.

Auslinie

Es müßte auch im Fußball wie beim Tennis (Einzel, Doppel) zwei geben. Dann gäb's endlich weniger Proteste.

Ausputzer I

Fehlt vielen Klubs vor allem in der Führungsetage. Da wird oft so viel Mist gebaut, doch keiner fegt im eigenen Laden.

Ausputzer II

Auf diesem Posten kann man steinalt werden.

Ausreden

Wie bemerkte mein Freund Hans-Joachim Rauschenbach so richtig: „Alles wird teurer. Nur die Ausreden werden immer billiger."

Aussenrist

Die wenigsten Spieler wissen überhaupt, was das ist. Noch weniger wissen, zu was man ihn benutzen kann. Und fast keiner benutzt ihn.

Aussteigen lassen

Wenn sich das Trainer-Karussel dreht, geben Vereinsbosse öfter diesen Befehl, als es den Kandidaten lieb ist.

Auswärtskomplex

Ich kenne wenige Männer, die bei Frauen auswärts Komplexe haben.

Auswärtsspiel

Im Fußball wie in der Ehe. Wer Meister werden will, muß ab und zu auch mal auf fremdem Terrain gewinnen...

Auswärtsstärke

Viele Männer sind auswärts stärker als daheim.

Auswechselbank

Strahlt zumeist blitzblank – vom vielen Hinternwetzen.

Auswechselspieler

Heucheln alle Kameradschaft. In Wirklichkeit aber drücken sie auf der Bank die Daumen, daß sich ein Stammspieler den Hals bricht. Dessen Platz nehmen sie dann mit einer Träne im Knopfloch ein.

Auswechslung

Sehr oft kommt dadurch für einen Versager ein neuer Versager aufs Spielfeld. Österreichs Ex-Nationalspieler Leopold Stastny brachte es auf den Punkt, als er vor einer Auswechslung die Journalisten befragte: „Wen ich reinbringen soll? Meine Herren, suchen Sie sich einen aus…"

Aztekenstadion

Die schönste Arena der Welt. Nur schlecht, daß darin meist nur die zweitklassigen Mexikaner spielen.

Ballannahme

Das schwierige daran ist für die meisten Fußballer, daß sie dabei die Hand nicht benutzen dürfen.

Ballbeherrschung

Traum eines jeden Kickers. Für die überwiegende Mehrzahl bleibt's allerdings ein ewiger.

Ballgefühl

Lieber als den Ball am Fuß fühlen Profis die Kohle auf der Hand.

Ballkontrolle

Alle fühlen sich dazu berufen – doch nur die wenigsten sind dazu wirklich auserwählt.

Ballschlepper

Die meisten Profis sind sich dafür viel zu schade. Für derart niedere Arbeiten hat man doch schließlich den Zeugwart, oder?!

Ballstafette

Viele verwechseln das mit dem Staffellauf in der Leichtathletik – und nehmen deshalb den Ball in die Hand.

Ballverliebt

Beste Lösung besonders für südamerikanische Mannschaften: Man gibt jedem Spieler seinen eigenen Ball.

Ballverlust I

Einmal ist keinmal. Aber zweimal ist einmal zuviel.

Ballverlust II

Schmerzt die meisten Profis weniger als ein Verlust an der Börse.

Ballvirtuose

In glorreichen Zeiten des Fußballs so eine Art Alleinunterhalter. Heute findet man die nur noch bei den Spielen der Altstars.

Bananen

Wie man an den Tennisspielern sieht, eine sehr nahrhafte und leistungsfördernde Frucht. Allerdings kann man auf ihr auch leicht ausrutschen. Mannschaften, die oft gegen Manni Kaltz und seine Bananen-Flanken ankämpfen mußten, können ein Lied davon singen.

Bandenwerbung

Für die Vereinskassen wichtiger als für darauf vertretene Produkte. Denn keiner schaut sie an.

Bankett

Nach großen Spielen üblich. Ablauf: Die Funktionäre essen – die Spieler schleichen sich.

Barcelona, FC

Dieser Klub hat mehr Geld als Rockefeller. Zahlt Gagen in Millionenhöhe. Dabei spielt's keine Rolle, ob der Akteur in seiner Lohntüte Peseten oder Dollar wünscht.

Bauerntrick

Einziger Trick, den alle Profis aus dem „Eff-eff" beherrschen.

Bayern München I

Die Spieler dieses Klubs sind die Träger des deutschen Fußballs. Einer ist träger als der andere.

Bayern München II

So mancher Titel wurde geholt, weil die Münchener die „Einäugigen unter den Blinden" waren.

Bayern München III

Erfolge von gestern und heute sind keine Garantie für Erfolge von morgen.

Beckenbauer, Franz I

Genialer Fußballer und Über-Glückskind in einer Person. Wenn er in einen Haufen Sch... langt, zieht er immer noch einen Goldklumpen raus.

Beckenbauer, Franz II

Sein Geheimnis als Spieler: Wenn er seinen Schlager „Gute Freunde kann niemand trennen“ sang, hielt sich jeder Spieler die Ohren zu und ergriff ohne Ball die Flucht.

Bedienen

Wo denken Sie hin! Ein Fußballer ist doch kein Kellner oder Lakai. Höchstens ein Lackaffe.

Beidbeinig

Grundregel: Jeder Fußballer hat zwei Beine. Das eine zum Spielen, das andere zum Geldabholen – den sogenannten Sekretariatsfuß.

Beinhart

Immer noch besser als weiche Knie.

Beirat (DFB)

Irgendwie muß der größte Fußball-Verband der Welt seine vielen Millionen ja loswerden. Also hält er sich einen Beirat. Mit dieser Rentner-Band werden dann regelmäßig luxuriöse Kaffee-Fahrten unternommen. Abschließend gibt's wohl immer einen Cognac – und der vernebelt die Sinne. Eine gute Idee ist nämlich beim Alten-Treff noch nie herausgekommen.

Benefizspiel I

Ich warte jedenfalls noch heute drauf, daß einer eins für mich macht.

Benefizspiel II

Helfen macht bekanntlich ja Freude. Und so ist so ein Match das einzige Fußballspiel, das einem guten Zweck dient. Aber: Ein „paar Mark" Aufwandsentschädigung fallen für die Akteure auch immer dabei ab. Schließlich gilt bei Berufsfußballern mehr als bei anderen das geflügelte Wort: Nix ist umsonst, nicht mal der Tod. Der kostet nämlich das Leben.

Benfica Lissabon

Solange Eusebio noch bei den Portugiesen spielte, sah gegen Benfica jeder Gegner schwarz.

Beobachter

Beim Weltverband FIFA gibt's die zur Genüge. Haben eine tolle Uniform an und ein langes Maßband in der Tasche. Damit messen sie dann vor Länderspielen die Höhe jedes einzelnen Grashalms aus.

Berliner Fußball

Traurig, aber wahr: In dem rührt sich etwa soviel wie auf einem Friedhof.

Berliner Olympiastadion

Nur gut, daß es Katholikentage und Polizei-Sportfeste gibt. Bei dem Fußball, den Berlins Klubs bieten, würde es nämlich sonst stets leer bleiben.

Berufsfußball

Härteste Nebensache der Welt.

Berufung

Nur die wenigsten Fußballer sind zu diesem Spiel wirklich berufen.

Beschatten

So mancher Bundesligaspieler jagt seiner Alten zum Beschatten einen Privatdetektiv auf den Hals.

Bestechungsskandal

Als ihn 1971 Offenbachs Präsident Canellas aufdeckte, bewies er: Auch ein Südfrüchtehändler kann berühmt werden.

Betonabwehr

Anti-Kicker aller Länder, versammelt euch!

Betreuer

Schalkes Charly Neumann ist der größte von allen. Der konnte bei verpaßtem Aufstieg auf Wunsch der Fotografen sogar weinen.

Betzenberg

Die meisten Gastmannschaften kommen entgegen jeder Bergsteiger-Regel ohne Kletterschuhe an den Lauterer Betzenberg. Die Folge ist klar – sie stürzen ab.

Bewacher

Ein fesselnder Job. Auch ohne Handschellen.

Bieberer Berg

Müßte eigentlich „Bibberer Berg" heißen. Solange die Offenbacher Kickers in der Bundesliga spielten, mußten sie regelmäßig um den Klassenerhalt bibbern.

Bielefelder Alm

Einziges Stadion, das mehr als Kuhweide denn als Fußballfeld taugt. Verkauft man das Ergebnis der Kuhproduktion dann noch an „Müllermilch", springt für die Arminia endlich auch mal finanziell was raus.

Bier

Muß nicht unbedingt die Leistung eines Spielers schmälern. In meiner Zeit bei 1860 München ließ ich mal in einem Trainingsmatch die „Alkoholiker" gegen die „Abstinenzler" spielen. Die „Alks" gewannen 6:3. Mein Kommentar danach: „Sauft's weiter, Buam!"

Bilderbuchaktion

Wie der Name schon sagt: Daran glauben nur noch die Kinder...

Bild-Journalisten

Ich kenne ein paar von ihnen, die brauchten eine eigene Zigarettenfabrik. Schlagzeile: Wo kein Rauch ist, da ist auch kein Segen.

Blasses Spiel

Für Fußball-Profis ein Fremdwort. Schließlich hat schon fast jeder seine eigene Sonnenbank.

Blochin, Oleg

War pfeilschnell. Manchmal sogar schneller als der Ball...

Böllerschüsse

Sind ganz toll an Silvester. Im Stadion aber haben sie nix zu suchen. Werden sie dennoch gezündet, reibt sich der Schatzmeister von der UEFA die Hände. Schließlich bringt jeder Knaller mindestens 10000 Schweizer Franken Disziplinarstrafe ins eh schon prall gefüllte Verbands-Säckel.

Bogenlampe

Ein „Licht“, das der Torwart besonders haßt. Dabei sieht er nämlich uralt aus. Oder, Herr Aumann?

Bolzen

Die beste Grundschule für einen Fußballstar. Das Problem dabei ist in unserer betonwütigen Zeit nur, wo kann man noch bolzen?

Bongartz, Hannes

Als Spieler wegen seiner dürren Beine einst „Spargel-Tarzan“ genannt. Seitdem er jedoch auf der Trainerbank sitzt, hat er gewaltig zugelegt. Weniger an Einfluß, dafür an Gewicht...

Bonhof, Rainer

Kam zum WM-Titel 1974 wie die Jungfrau zum Kinde. Ein Sicherheitsfanatiker. Deshalb ging er auch als Co-Trainer zum DFB. Da ist ihm die Rente sicher.

Brandenburg, BSV Stahl

Mich würd' überraschen, wenn Stahl im Stahlbad Profi-Liga nicht ersäuft.

Brasilianer

Lauter Artisten. Vergessen nur leider zu oft, den Ball auch mal abzugeben.

Brehme, Andreas

Einer der wenigen, die beide Füße zum Fußballspielen verwenden.

Breitner, Hildegard

Sie hat das Mutterkreuz verdient, weil sie ihrem Paul nicht nur Kinder schenkte, sondern dem bayrischen Mephisto länger als ein Jahrzehnt die Götterspeise zubereitete.

Breitner, Paul

Ich hab' einst über ihn gesagt: „Dem gehört eine Banane in die Hand und dann ab auf den Baum!" Das mit der Banane nehm' ich zurück.

Bremen, Werder

Die Mannschaft, die den längsten Anlauf braucht, um einen Titel zu ergattern. Mit dem Pokal zum Beispiel klappte es erst im dritten Versuch.

Briegel, Hans-Peter

Hätte man auch im Straßenbau verwenden können – als Dampfwalze.

Britische Fans

Sind etwa so harmlos wie die Beulenpest. Ihre Aggressivität kommt wahrscheinlich vom Insel-Koller.

Bronzener Fußballschuh

Gibt's für den drittbesten Torschützen einer Meisterschaft. Etwa so wertvoll, wie wenn du ständig mit einem zweibeinigen Hasen Händchen hältst, aber nie zum Abdrücken kommst.

Bundesliga I

San ma froh, daß mia sie ham.

Bundesliga II

Nebenberufliches Sozial-Amt. Wie zu Caesars Zeiten im Kolosseum heißt's heute in den Stadien „Brot und Spiele". Nur werden heute in den Arenen keine Menschen mehr umgebracht. Dafür der gute Fußball.

Bundesliga-Start

Endlich ist die trostlose Zeit vorbei, und wir wissen wieder, auf wen wir schimpfen können. Außerdem verhindert er wohl so manche Scheidung.

Bundestrainer I

Hat von allen Trainern die wenigste Arbeit. Aber das „Bundesverdienstkreuz" ist ihm allemal sicher.

Bundestrainer II

Berti Vogts ist der erste, der auf einen Stuhl steigen muß, damit man ihn sieht. Wird trotz allem nie so groß wie seine Vorgänger.

Buschner, Georg

Bestes Beispiel, daß mancher Trainer nur einen Sieg braucht, um ein Leben lang berühmt zu sein. Buschner gelang's mit dem 1:0 der DDR-Auswahl bei der WM 74 in Hamburg gegen den späteren Weltmeister Deutschland.

KOMME
GLEICH
WIEDER

Cajkovski, „Tschik“ (Zlatko)

Müßte eigentlich schon längst im „Guinness-Buch der Rekorde“ stehen. Kein anderer Trainer hat so viele Spanferkel verschlungen wie er.

Calmund, Reiner

So wie's seinem Gewicht entspricht, hat der Manager in Leverkusen dick aufgetragen. Doch statt „Porsches“ hat er nur „Trabbis“ eingekauft. Erst als Bayer in der Bundesliga „Gas geben“ wollte, hams den Unterschied bemerkt.

Catenaccio

Spezialität der Italiener. Schon viele haben sich an dieser „Speise“ die Zähne ausgebissen.

Chancenverwertung

Es gibt Teams, die machen aus keiner Chance auch ein Tor.

Charlton, Bobby und Jacky

Ließen im Spiel jeden Gegner verzweifeln. Heute die Friseure. Denn bei der „hohen Stirn" der beiden gibt's nix zum Schneiden. Da reicht schon ein Waschlappen zum Frisieren...

Cheftrainer I

Sauschwerer Job. Denn jeden Samstag sitzen Tausende von Kollegen auf der Tribüne.

Cheftrainer II

Mit ihnen verhält es sich wie mit jenem Papagei in der Zoohandlung, der 3000 Mark kosten sollte.
Verkäufer: „Dafür kann er aber auch perfekt Spanisch, Englisch und Französisch, schreibt Steno und Schreibmaschine."
Kunde: „Okay, aber der im Käfig daneben kostet 15000 DM. Was kann denn der alles?"
Verkäufer: „Der – der kann nix. Aber er ist dem anderen sein Chef."

Chemnitzer FC

Steinmann weg – da wird's höchste Zeit, daß Kati Witt, das berühmteste Kind der Stadt, ins Stadion kommt. Damit wenigstens irgendein Gold darin glänzen kann.

Comeback

Machen viele aus Verzweiflung. Wer braucht schon kein Geld, wenn er ein Bauherren-Modell unterschrieben hat?

Coupe Jules Rimet

Zuerst klaute ihn ein Engländer – ein Hund fand ihn wieder. Dann ging der WM-Pokal für ewige Zeiten nach Brasilien. Doch die Zauberer vom Zuckerhut fielen auf Langfinger rein. Ziert, nachdem er wohl eingeschmolzen wurde, jetzt in Ringform das Händchen einer feinen Dame.

Cramer, Dettmar

Der „laufende Meter" war der einzige Fußball-Trainer, der seiner Mannschaft streng wissenschaftlich erklären konnte, wie hoch sie einen Ball schießen muß, damit er mit Schnee bedeckt wieder zurückkommt.

Cruyff, Johan

Raucht, wie er gespielt hat – volle Pulle!

Csernai, Pal

Trainer für die warmen, südlichen Gefilde. Mit Bayern Meister, mit Klubs wie Dortmund oder Berlin mehr Hausmeister.

Dalglish, Kenny

Ist zwar ein Schotte, doch bei seinen Torschüssen für Liverpool gar nicht geizig.

Daum, Christoph

Solange er nix gewinnt, ist und bleibt er ein Däumling.

DDR-Fußball

Mit Ausnahme von Jürgen Sparwasser international auf sehr sparsamem Niveau. Den Spielern hätte man am besten die Bälle weggenommen. Dann wäre die DDR-Leichtathletik noch erfolgreicher gewesen.

DDR-Oberliga

Außer Spesen nix gewesen. Von den mit großem Aufwand gezüchteten Spielern können nur wenige bei den Erwachsenen (= Bundesliga) mithalten.

Debakel

Auch ein 0:0 kann ein Debakel sein.

Debüt

Nachher sollte man in jedem Fall die Unterhose des Betroffenen kontrollieren. Es gibt nämlich nur selten Spieler, die sich bei dieser Gelegenheit nicht in die Hosen machen.

Decken

Mancher Abwehrspieler verhält sich im Zweikampf so dämlich, daß es nur einen Schluß zuläßt: Selbst unter der kleinsten Stepp-Deck'n kann der größte Depp stecken.

Derwall, Jupp

Häuptling „Ondolierte Silberlocke" genannt, war aber in Wirklichkeit nur ein Indianer. Soll angeblich auch von Hollywood umworben sein. Titel des Indianer-Films: Der mit den Wölfen heult.

Deuser, Erich

Ober-Einreiber des deutschen Fußballs. Doch ein Gummiband machte ihn unsterblich.

Deutschland

Der „Garten Eden" für italienische Spielervermittler.

Deyna, Kazimierz

Polnischer Fußball-Feldherr. Ließ sich auf seine „alten Tage" bei Manchester pfundig bezahlen.

Diagonalpaß

Sieht man selten. Ist ja auch ein Fremdwort. Und nur die wenigsten rennen auf dem Spielfeld mit einem Wörterbuch rum.

Dichtmachen

Ich kenne viele Klubs, für die's das Beste wäre, ihren Laden dichtzumachen.

Direktabgabe

Kein Profi gibt gerne etwas ab. Aber immer noch lieber den Ball als etwas von seinem Gehalt.

Direktspiel

Man sollte der Dame immer unumwunden sagen, was man vorhat.

Distanzschuß

Manche treffen nicht mal aus 50 Zentimetern einen Möbelwagen.

Doherty, Peter (Fußballtrainer)

Trainerweisheit: „Es ist viel besser, ein schlechter Gewinner zu sein als ein guter Verlierer". Dem kann ich nur zustimmen!

Doll, Thomas

Ein Sahnehäubchen des deutschen Fußballs. Leider kickt er jetzt in Rom. Aber mir sind Spaghetti auch lieber als Hamburger Fischsuppe. Ganz zu schweigen von der Wagenladung Lire, die ihm den Wechsel ins gelobte Kickerland schmackhaft machte.

Doping

Unter allen Gedopten war Ben Johnson der Schnellste. Das wurde ihm zum Verhängnis.

Doppelpaß

Hätte ich zu gerne. Und zwar einen zweiten aus einem Land, in dem man keine Steuern zahlen muß.

Doppelspitze

Nachdem Inter, Juve & Co. nach Herzenslust in unseren Revieren wildern, wären die meisten Bundesliga-Klubs schon froh, wenn sie eine gescheite Spitze hätten.

Doppelstopper

Völlig unnötig. Oder soll etwa der eine Stopper auf den anderen aufpassen?

Dortmund, Borussia

Erstaunlich, was sich die tollen Fans dieses Klubs immer wieder bieten lassen. In der Saison 1990/91 zum Beispiel waren Heimsiege der Borussen so selten wie Sechser im Lotto.

Double

Aus eins (Meisterschaft) mach zwei (Pokal).

Drecksarbeit

Wer anderen eine Grube gräbt, ist – ein Hilfsarbeiter.

Dress

Für viele Mannschaften die einzige Chance, um aufzufallen.

Dritte Halbzeit

Fand in seligen Zeiten im Vereinsheim statt. Heute muß dafür das 3-Sterne-Restaurant herhalten. Dabei wissen die meisten Profis nicht mal, wie man ‚nouvelle cuisine' schreibt.

Drop-Kick

Wenn's einer beherrscht, schmeckt's noch besser als der süßeste Drops.

Düsseldorf, Fortuna

Ein Glück, daß es in Düsseldorf den Eishockey-Klub gibt. Da sehen die Fans wenigstens anständigen Sport.

Dynamo Dresden

Als die besten Spieler verkauft wurden, ging der Strom aus.

Eckenverhältnis

Das einzige Verhältnis, bei dem selten etwas rausspringt.

Eckfahne

Kann auch als Waffe gegen das Publikum verwandt werden. Dortmunds Ex-Spieler Adi Preissler war darin ein wahrer Meister, denn er bedrohte die Fans bei Pfiffen schon mal mit der Stange.

Effenberg, Stefan

Er sagte selbst: „Ich bin der erste verrückte Mittelfeldspieler." Von mir bekommt er keinen Einspruch.

Effetstoß

Absolut nichts für unsere Hauruck-Kicker. Den beherrschen in Deutschland nur die Billard-Spieler.

Ehrenspielführer

Fritz Walter, Uwe Seeler und Franz Beckenbauer haben nicht nur diesen Titel gemeinsam: Immer wenn in München die Internationale Sportartikel-Messe (ISPO) ist, schlafen sie auch beim selben Starnberger Metzgermeister.

Ehrentribüne

Dort sitzen meistens all jene, die wenig Ehre haben. Sie kommen oft aus dem bekannten Milieu mit Hang zum ältesten Gewerbe der Welt. In der Halbzeit schneller als die Spieler. Dann geht's nämlich zum kalten Buffet.

Eigentore

Es gibt bezahlte und unbezahlte...

Einjahresvertrag

Wennst so einen bekommst, dann weißt', daß man dich am liebsten loshaben würde.

Eingabe

Mehr etwas für die Gerichte. Schlecht ist nur, daß man Siege nicht einklagen kann. Sonst gäb's nur Meister und nie Absteiger.

Einigeln

Im Gegensatz zu den possierlichen Tierchen halten Fußballer manchmal schon auch mitten im Sommer ihren Winterschlaf.

Einkäufe

Ideale Gelegenheit für Manager und Funktionäre, ihr privates Konto etwas aufzubessern.

Einstand

Feuchtfröhliche Feier.

Eintracht Braunschweig

Erster Klub, der in der Bundesliga mit Trikot-Werbung (Hirsch) auflief.
Erinnert mich an einen Witz: Der Autofahrer beantwortet an der Grenze alle Fragen des Zöllners mit „Jawohl, Herr Jägermeister."
Der Grenzer will wissen: „Warum sagen Sie zu mir immer Herr Jägermeister?"
Autofahrer: „Ja mei. Immer wenn ich eine grüne Flasche sehe, muß ich an Jägermeister denken."

Eintracht Frankfurt

Ich empfehle eine Änderung im Vereinsregister. Der Name „Zwietracht" würde zu dem Klub nämlich viel besser passen.

Eintrittspreise

Meist viel zu hoch. Müßten außerdem nach rund 75 Prozent aller Spiele aus Anstandsgründen zurückerstattet werden.

Elf

Elf Freunde müßt ihr sein, so hieß es mal. Aber wo gibt's heute schon noch elf Freunde?

Elfmeterschießen

Ein Krimi, bei dem's – in klassischem Stil eben – die Leiche erst zum Dessert gibt.

Elfmeterschinden

Es kann geschehen, daß man hinfällt, unverzeihlich ist nur, wenn man liegenbleibt.

Endspiel

Wenn alles vorbei ist, geht's an die Bar.

Englischer Rasen

Manche Spieler tragen ihn als „Mecki-Schnitt" auf dem Kopf.

Englisches Spiel

Französisches ist mir – ehrlich gesagt – lieber…

Englische Woche

Erlösung für jeden Fußballer – falls er ehrlich ist. Denn je mehr Spiele, desto weniger Training. Und ich kenne keinen, dem das Training Spaß machen würde.

Erfolgszwang

Manche Spieler kann man zwingen wie man will – Erfolg stellt sich bei denen nie ein.

Erfurt, FC Rot-Weiß

Ohne Vogel, der nach Lautern geflogen ist, wird's schwer, in der 2. Liga einen Wurm zu fangen.

Eschweiler, Walter

War einst internationaler Schiedsrichter. Wäre aber besser Bischof von Köln geworden. Kann so salbungsvoll reden, daß bei seinen „Predigten" der Kölner Dom bestimmt voll wäre.

Ettmayer, Buffy I

Ebenso rund wie genial. Auch mit dem Mundwerk. Als ihn einst ein Trainer rügte: „Sie hab' ich auch schon dünner gesehen", konterte der Österreicher: „Das muß aber auf einem Schmalfilm gewesen sein."

Ettmayer, Buffy II

Für den österreichischen Ball-Virtuosen galt schon immer: Lieber einen Bauch vom Saufen als einen Buckel vom Arbeiten.

Europacup I

Pleiten, Pech und Pannen...

Europacup II

Manchmal gewinnt ihn die beste Elf. Meist jedoch die glücklichste.

Europameisterschaft

Ausweich-Wettbewerb für jene Teams, bei denen es vom Können her nie zu einer WM reicht.

Eusebio

Hielt für Lissabon und Portugal seine Knochen hin. Was er davon hatte? Seine Knie sind kaputt, und er ist ein Fall für die Invaliditätsversicherung.

Färöer-Inseln

Keine PR-Firma der Welt hätte dieses Eiland so berühmt machen können, wie es seine Fußballer in ihrem allerersten EM-Spiel durch das 1:0 gegen Österreich geschafft haben.

Fahne

Es gab schon Schiris, deren „Fahne“ man weiter roch, als man die Fahne der Linienrichter sah.

Fahrstuhlmannschaft

Mal oben, mal unten. Sollte sich mal einen erfahrenen Liftboy suchen. Der weiß, wo der Schalter für den Nothalt ist.

Fairplay

Den Preis für die fairste Mannschaft bekommt meist der Verlierer. Die anderen siegen. Bleibt die Frage: Was ist einem lieber?

Fanblock

Wenn auf dem Spielfeld gar nix läuft, bringt wenigstens der Stimmung in die Bude.

Faustabwehr

Weniger erfreulich, wenn die Faust statt des Balles den Kopf des Gegners trifft.

Favoritenrolle

Was Undankbareres gibt es nicht.

Favoritensturz

Das freut die anderen. Schadenfreude ist schließlich die schönste Freude.

Fehlbesetzung

Ein Ensemble von Nieten.

Fehleinkauf I

Ich sag's mit Seneca: Errare humanum est – Irren ist menschlich.

Fehleinkauf II

Bei 80 Prozent aller Einkäufe der Fall. In der Bundesliga ist's halt nicht anders als im richtigen Leben: Die Werbung verspricht viel, das Produkt hält wenig.

Fehlpaß

Viele tun gut daran, ihre wahre Identität zu verschleiern.

Feldkamp, Kalli

Sieht man erst, wenn seine Truppe gewinnt. Dann rennt er wie Rumpelstilzchen aufs Feld. Zuvor aber sitzt er meist auf Tauchstation.

Feldüberlegenheit

Dafür kann man sich nichts kaufen und nützt oft auch gar nix. Schon Ex-Nationalspieler Willi Schulz – ein Kind des Ruhrpotts – sagte: „Weißt du, wat im Fußball zählt? Dore!"

Feldverweis

Geh' unter die Dusche – und in dich!

Fernseh-Fußball

Hinter das Rezept möchte der Chemie-Gigant Bayer schon seit Jahren kommen. Wirkt nämlich besser als jede Schlaftablette.

Feuerwerk

Früher wurde das noch auf dem Spielfeld veranstaltet. Doch die Zeiten sind lange vorbei. Heute wird's nur noch – bedauerlicherweise – von den Rängen aus abgefeuert.

Fichtel, Klaus

Medizinisches Wunder. Spielte so viele Jahre in Schalke und ist immer noch normal.

FIFA-Funktionäre

Für die Spesenritter um Boß Havelange ist nur wichtig, daß sie und ihre angetrauten Matronen auf ihre Kosten kommen. Nicht zuletzt sorgt die Sportartikel-Industrie dafür, daß das Geschäft wie geschmiert läuft. Bei jedem Großereignis werden von den Firmen ganze Suiten gemietet. Darin geht's zu wie im Basar von Ankara, ein einziges Kommen und Gehen. Und offensichtlich geschehen hinter den vier Wänden sogar Wunder. Hinein gehen die betagten Herren meist mit Stock. Wenn sie herauskommen, brauchen sie die Gehhilfen nicht mehr. Wie sollten sie die auch halten? Denn selbst ein FIFA-Funktionär hat nur zwei Hände. Und die sind reichlich beladen mit allerlei Trainingsanzügen, Fußball- und Joggingschuhen, Freizeitkleidung und Polo-Shirts.

FIFA-Trainer

Ein Job ohne Risiko.

Finale I

Da heißt EWG wiedermal „Einer wird gewinnen“.

Finale II

Meistens das Ende eines schrecklichen Trauerspieles.

Fischer, Klaus

Weltmeister bei Fallrückziehern. So schöne schafft heute keiner mehr.

Flachpaß

Wurde in Schottland erfunden. Da gönnt man sich aber auch überhaupt keinen Luxus.

Fliegenfänger

Gibt's unter den Torhütern genug, sagt man. Dabei fliegen Fliegen doch schneller als der Ball. Wenn die Torleute aber den schon nicht fangen, wie sollen sie dann erst Fliegen schnappen?

Flügelstürmer

Laut Franz Beckenbauer die unnötigste Sache im Fußball. Der „Kaiser" hat stets behauptet: „Das Tor steht in der Mitte." Wüsten-Fuchs Rommel allerdings meinte: „Wenn in der Mitte nichts geht, dann muß man über die Flanken kommen."

Flutlicht

Wenn man es nicht abschaltet, verpaßt man die beste Situation, dem grausamen Spiel auf dem Rasen ein Ende zu machen.

Förster, Karlheinz

Nationalspieler, der mit der traumwandlerischen Sicherheit eines Scharfschützen stets die Achillessehne des Gegners traf.

Fohlen

Brachten Gladbach einst großen Ruhm. Bei denen von heute weiß man allerdings nicht, wie lange man sie füttern muß, ehe was Gutes dabei rausspringt.

Fotografen

Müssen sich immer was einfallen lassen. Wenn sie zum Beispiel ein sehr nachdenkliches Porträt des Nationalspielers haben wollen, bitten sie ihn: „Und jetzt bitte einen ganz grüblerischen Ausdruck, mein Herr – wieviel ist 4 x 4?"

Foul

In vielen Fällen die letzte Rettung. Die am harmlosesten aussehen, sind oft die schmerzhaftesten.

Foul-Elfmeter

Stinkender Kurzschuß.

Frauenfußball

Da weiß ich schon schönere Spiele...

Freier Mann

Diese Rolle ist im Fußball leichter zu spielen als in der Ehe.

Freilos

Man sollte jedes Geschenk dankbar annehmen.

Freistoß

Hab' ich zeitlebens dankbar angenommen.

Freundschaftsspiel

Wird zum Drama, wenn die „Metzgerinnung München" gegen die „Metzgerinnung Nürnberg" spielt.

Frust

Ich kenne keinen Trainer, der von dieser Krankheit verschont geblieben ist.

Fünfmeter-Raum

Die Nichtangriffszone im Fußball. Darf man als Stürmer nur mit dem Blauhelm der UNO betreten.

Fummeln

Mit wem? Mit was? So oder so ein brandgefährliches Unterfangen.

Funktionäre

Funktionäre, Mannschaftsbetreuer, Psychiater oder sonstige: Die Friedhöfe sind voll von Leuten, die sich für unentbehrlich hielten!

Fußball I

Der einzige in diesem Spiel, der getreten wird. Bekommt nicht mal einen Pfennig Honorar dafür.

Fußball II

Der Ball ist rund. Damit er jederzeit die Richtung wechseln kann.

Fußball III

Ein Spiel auch zum Denken. Nur leider hat man dafür noch keine Tabletten erfunden.

Fußballer

Merke: Nicht jeder, der einen Ball treten kann, ist automatisch schon ein Fußballer. Sollte er ihn jedoch zufällig treffen, kostet er mindestens eine Million.

Fußballerbeine

Selten die schönsten. Doch die Profis machen damit mehr Kohle als jedes Star-Mannequin.

Fußballer des Jahres

Meist wird's der verkehrte. Wenn ich zum Beispiel 1990 die Wahl zwischen Matthäus und Gascoigne gehabt hätte, hätte ich den Brehme genommen.

Fußballer-Lied

„Nur a Geld, nur a Geld – is das schönste auf der Welt…"

Fußball-Fieber

Wenn einen dieses Virus befällt, kriegt man's ein Leben lang nicht mehr los.

Fußball-Phänomen

Dieter Hoeneß war das absolute. Brauchte zum Fußballspielen nie seine Füße. Sein Eisenschädel tat's auch.

Fußball-Psychologe

Hat ungefähr den gleichen Wert wie ein Kropf. Wer aber hat schon gerne einen Kropf?

Fußballrowdies

Dem Pöbel muß man weichen, will man ihm nicht gleichen.

Fußballschuhe I

Schade, daß man noch keinen erfunden hat, der von selbst den Ball ins Tor schießt.

Fußballschuhe II

Manche ziehen zwei linke an und wundern sich, daß sie damit nichts treffen.

Fußballtennis

Wenn einer weder Fußball noch Tennis spielen kann, probiert er's eben mit Fußballtennis.

Fußball-Toto

Da gewinnen meist die, die am wenigsten vom Fußball verstehen.

Gascoigne, Paul

Englands „Enfant terrible“ ist durchschlagskräftig. Auf dem Fußballfeld wie im Pub.

Gastgeber

Sind in erster Linie für die Schiedsrichter wichtig. Die besten Gastgeber gibt's in Italien. Da werden nicht nur geistige, sondern auch körperliche Erfrischungen gereicht...

Gegenspieler

Leider zu einem Spiel unbedingt nötig. Denn wo kein Gegner, da auch kein Spiel.

Gegenstoß

Erwartet man in verschiedenen Situationen vom Partner. Man wird ja schließlich ordentlich dürfen, wenn man anständig fragt.

Geißbock

Das Maskottchen des 1. FC Köln hat mich mal 12000 Mark Strafe gekostet. Nur weil ich nach einem Spiel in Köln meinte: „Hier stinkt sogar der Geißbock." Das Gegenteil konnte mir bis heute keiner beweisen.

Geist von Spiez

Sepp Herberger, der Chef, läßt grüßen. Lang, lang ist's her.

Gelbe Karte

Entgegen der landläufigen Meinung ist sie nicht von den Chinesen erfunden worden. Obwohl auch sie eine „gelbe Gefahr" bedeutet. Denn eine alte Bauernregel lautet: Nach Gelb kommt Rot, duschen tut not.

Generalversammlung

Der Kassier zu den Mitgliedern: „Wir haben diese Saison leider ein Defizit gehabt.«
Ein Mitglied empört: „Was haben wir gehabt, ein Defizit? Einen Dreck haben wir gehabt, draufzahlt hamma!"

Gestrecktes Bein

Der Solo-Spagat kommt öfter vor, als es den Stürmern lieb ist.

Goldener Fußballschuh

Der Schrecken jeder Fußballer-Frau. „Ach Gott, schon wieder ein Staubfänger mehr im Wohnzimmer."

Goldenes Tor

Ist mir allemal lieber als der „goldene Schuß".

Grabowski, Jürgen

Der Weltmeister von 1974 ist so geizig, daß er sich nach einem Restaurantbesuch das Trinkgeld selbst gibt.

Groupies

Für Fußballer gilt wie für Popstars: Kraft durch Freude.

Gullit, Ruud

Viele Fußballer sind ihm wegen seiner exzellenten Technik neidig. Viele Mädchen wegen seiner schönen Rasta-Zöpfchen.

Gurkentruppe

Bietet abstrakte Kunst. Die kostet freilich mehr als jeder Picasso.

Gutendorf, Rudi

Weltreisender in Sachen Fußball. Man weiß nicht mehr, wo er überall trainiert hat. Und vor allen Dingen weiß man nicht, wie er trainiert hat.

Haan, Arie

Bestangezogenste Doppel-Null der Bundesliga. Wenn's darum geht, wie der Gockel auf dem Mist zu stolzieren, ist er der Überflieger der Liga.

Hackentrick

Wenn Dir ein Gegner auf den Hacken steht, braucht's mehr als einen guten Trick, um ihn wieder loszuwerden.

Hängender Mittelstürmer

Der liebe Gott bewahre jeden Mann davor...

Halblinker

Linke kenn' ich viele. Aber Halblinke nicht. Außerdem: Was halb ist, ist schon von Haus aus schlecht.

Halbprofi

Bekommt jeden Tag von Verein eine Wurstsemmel. Damit wenigstens der Magen was zu tun hat.

Halbzeitgespräch

Da würd' ich mir als Redner am besten den Pfarrer Sommerauer einladen.

Halbzeitpause

Zum Verschnaufen gedacht. Ich frag' mich allerdings oft, von was ruhen sich unsere Fußballer eigentlich aus?

Hallenfußball

Im Winter die einzige Möglichkeit, sich beim Fußball nicht den Arsch abzufrieren.

Hammer

If I had a hammer...

Handabwurf

Mit dem Fuß geht's ja wohl schlecht.

Handelfmeter

Reich' mir die Hand mein Ball – und komm' mit mir ins Tor.

Handgeld I

Profi während der Vertragsverhandlungen zum Präsidenten: „Was heißt hier brutto und netto. Auf die Hand will ich's."

Handgeld II

Wollen die meisten unter dem Tisch auf die Hand. Damit der Finanzminister sauer wird.

Handspiel

Im Fußball ebenso verboten wie im Theater. Entweder es gibt einen Elfmeter, oder du bekommst von der Nachbarin eine Watsch'n, weil du deine Hand auf ihren Oberschenkel gelegt hast.

Hansa Rostock

Müssen aufpassen, daß sie in der Bundesliga nicht auf Grund laufen.

Hartes Spiel

Schon Einstein hat gesagt: „Holzhacken ist deshalb so beliebt, weil man bei dieser Tätigkeit den Erfolg sofort sieht."

Hartplatz

Gelobt sei, was hart macht. Das kann jeder nachvollziehen, den's auf einem Hartplatz schon mal ordentlich auf die Schnauze gehaun hat.

Hat-Trick

Treffer hoch drei.

Hautnahe Deckung

Kann oft recht angenehm sein. Im Fußball allerdings nie.

Havelange, Joao

Präsident des Fußball-Weltverbands FIFA – auch kein schlechter Job...

Heddergott, Karl-Heinz

War einst Chefausbilder der deutschen Trainer und wechselte dann in die Bundesliga zum 1. FC Köln. Der Fehler seines Lebens. Hätte nämlich viel besser in die volkstümliche Hitparade zu Heino gepaßt. Anstatt den Kölnern Taktik und Technik beizubringen, ließ er die Cracks im Trainingslager Liedchen trällern.

Heimbilanz

Ob die gut ist, kann nur die eigene Frau beurteilen.

Heimnimbus

Ein nie bewiesenes Gerücht.

Heimschiedsrichter

Moderne Interpretation für den althergebrachten „Angsthasen".

Heimschwäche

Dieses Problem kann nur Beate Uhse lösen.

Herausstellung

Schleich' di!

Herberger, Sepp

Seit seinen Zeiten hat sich im Fußball nichts verändert. Ein Spiel dauert immer noch 90 Minuten, der Ball ist nach wie vor rund und nach dem Spiel ist vor dem Spiel.

Herrera, Helenio

Erfand den Abwehrriegel „Catenaccio" und feiert wohl deshalb schon seit zehn Jahren seinen 60. Geburtstag.

Hertha BSC Berlin

Ältere Dame, die sich aber immer noch gerne aufs Kreuz legen läßt.

Heynckes, Jupp I

Einziger Trainer, der nie eine Taschenlampe braucht. Sein Kopf leuchtet nach Niederlagen wie eine Glühbirne.

Heynckes, Jupp II

Fragte einst bei Real Madrid wegen eines Postens an. Rückantwort: „Ja, die Stelle des Platzwarts wäre noch frei."

Heysel-Stadion

Darin wäre 1985 bei Juventus Turin – FC Liverpool beinahe der gesamte Fußball beerdigt worden.

Higuita, Rene

Verrücktester Torwart der Welt. Kann mit den Füßen mehr als mit den Händen.

Hinterhaltschuß

Ist besonders unangenehm, wenn der „Schütze" zuvor Bohnen gegessen hat.

Hintermannschaft

Wenn's die anderen vorne knallen lassen, haben die hinten schuld.

Hoeneß, Dieter

Torgefährlichster Briefbeschwerer aller Zeiten.

Hoeneß, Uli I

Als gebürtiger Schwabe das größte Cleverle der Bundesliga. Verkauft selbst Krücken noch für Rekordsummen an andere Klubs.

Hoeneß, Uli II

Einst als Mr. Bundesliga gefeiert, will er neuerdings nur noch den Reichtum des FC Bayern mehren. Wenn schon, denn schon, Uli: Werd' doch Bankier!

Holzen

Nachdem heutzutage fast jeder Profi ein komfortables Eigenheim besitzt, braucht er auch reichlich Holz für den offenen Kamin.

Hooligans

Für sie würde ich den „Arbeitsdienst" wieder einführen. Treten den Fußball im wahrsten Sinne des Wortes mit den Füßen.

HSV

Frei übersetzt: Hunke sucht Verrückte.

Hunke, Jürgen

Als Präsident des Hamburger SV eine Art hanseatischer Konsul Weyer.

In die Gasse spielen

Kann man am besten immer noch auf St. Pauli…

Intelligenz

Zwei Backen machen noch lange kein Gesicht.

Inter Mailand

Kauft sich meilenweit alles zusammen, was gut ist. Daher auch der Name „Internazionale".

Interviews

Gibt's viele. Aber nur in den wenigsten steht auch was drin.

Italien

Seit Boninsegnas „sterbendem Schwan" (und dem anschließenden Wiederholungsspiel im Europacup gegen Gladbach) gilt: Ein liegender Italiener ist gefährlicher als ein stehender.

Jahrhundert-Tor

Fiel beim WM-Endspiel 1966 zwischen England und Deutschland. Ich sag's mit Shakespeare: Tor oder nicht Tor – das ist hier die Frage.

Jaschin, Lew

Flog zum Ball der Torwart Jaschin, war die Torchance schon dahin.

Jena, FC Carl Zeiss

Klaus Schlappner muß aufpassen, daß er keins auf den Schlapp-Hut kriegt. Bernd Stange hat sich verabschiedet, will Hertha BSC Berlin auf Vordermann bringen.

Johannsen, Helmut

Hätte seine Spieler am liebsten ständig mit der Ballmaschine trainieren lassen. Dann hätte er mehr Zeit zum Kaffeetrinken gehabt.

Joker

Den zieht der Trainer immer dann, wenn er in die Trickkiste greift.

Jonglieren

Wenn die Stars das könnten, wären sie kein Fall fürs Stadion, sondern die Attraktion im Zirkus.

Journalisten

Wenn eine Elf verliert, wird die Schuld dafür meist den Journalisten in die Schuhe geschoben. Dabei hat noch nie ein Berichterstatter mitgespielt.

Jugoslawische Fußballer

Absolute Spezialisten für Eigentore. Oder, Herr Kasalo?!

K

Kabinenpredigt I

Da unterscheidet sich ein Trainer kaum von einem Pfarrer. Beim einen wie dem anderen schlafen die „Schäflein“ meist selig ein.

Kabinenpredigt II

Definiert mein privates Lexikon als „Beichtstuhlgeflüster“.

Kaiser Franz

Wenn er aus dem 6. Stock eines Hochhauses springen würde, würde er nicht nach unten, sondern in die Höhe fliegen.

Kaiserslautern, 1. FC

Einer der härtesten Klubs. Spielt wegen seines phantastischen Publikums daheim ständig mit 12 gegen 11.

Kalte Dusche

Nur in der Sauna ein Genuß.

Kaltstellen

Bevor man's mit einem Gegner macht, sollte man es lieber mit einer Flasche Champagner tun.

Kaltz, Manfred I

Wäre gut beraten, nach Ende seiner Karriere einen Bananen-Laden aufzumachen.

Kaltz, Manni II

Verwirrte die Gegner nicht nur mit seinen Bananen(flanken). Legte ihnen auch so manches (Elfmeter-)Ei ins Nest.

Kampfgeist

Irgendeinen Geist braucht jeder Fußballer. Und wenn's zum Kampfgeist nicht reicht, dann doch zumindest zu einem Himbeergeist.

Kantersieg

Kommt wohl daher, daß eine Mannschaft mehr Ecken und Kanten als die andere hat.

Karlsruher SC

Wie der Name schon sagt: Bei dem Verein ruht einfach zuviel.

Karriere

Am sichersten kommt man nach oben, wenn man dem Trainer in den Hintern kriecht. Gilt übrigens nicht nur für Fußballer.

Kasernieren

Angeblich gut für eine Elf. Noch besser für den Trainer. Da hat er eine gute Gelegenheit, endlich von der Alten zu Hause wegzukommen.

Kempes, Mario

Argentiniens Weltmeister und WM-Torschützenkönig (1978) meinte einmal: „Von jedem Trainer kann man etwas lernen. Von dem einen die Technik, von dem anderen die Taktik und vom dritten die Tricks, wie man am meisten Geld kassiert."

Kerze

Obwohl über den Wolken die Freiheit wohl grenzenlos ist, freut sich über so einen Schuß in die Höhe kein Trainer. Da bringt's schon mehr, wenn man vor dem Spiel eine Kerze in der Kirche stiftet.

Kick and rush

Hoch und weit – des is mei Freid! Ideale Taktik, wenn man mit der Kugel wenig bis nichts anzufangen weiß.

Kicker, Sportmagazin

Was der „Osservatore Romagna" für Katholiken, das ist der „Kicker" für Fußball-Anhänger. Bei dem einen geht nur noch die Bibel, beim anderen nur noch „SPORT-BILD" drüber.

Kindermann, Hans

Der Staatsanwalt des DFB hat mich fast mehr Geld gekostet als die Scheidung von meiner ersten Frau.

Kleines Finale

Kommt immer auf das Alter der Dame an.

Klinsmann, Jürgen

Höchstbezahlter Leichtathlet im italienischen Fußball. Hat auch durchaus Hang zur Schauspielerei. Kann deshalb mit seinen blonden Haaren und blauen Augen mal Nachfolger von Curd Jürgens als „normannischer Kleiderschrank" werden.

Klubinterne Sperre

Wird meist dann ausgesprochen, wenn ein Spieler Grundregel Nr. 1 mißachtet. Die lautet: Du sollst nicht mit der Frau des Präsidenten...

Knappen

Die gibt's leider nur noch auf Schalke.

Kneifen

Manche Abwehrspieler machen dabei nicht mal vorm „Allerheiligsten" ihres Gegners Halt.

Kögl, Wiggerl

Einer der wenigen Bayernspieler, die beliebt waren. Aber technisch wohl zu stark für den Rekordmeister (ging zum VfB nach Stuttgart).

Köln 1. FC

Wie beim „Kölsch". Alles kleine Flaschen...

Können

Wer nicht kann, was er will, muß das wollen, was er kann.

Köpfchen

Wenn einer keins hat, nützen auch Tabletten nix. Denn dafür hat noch nicht einmal Bayer Leverkusen ein Mittelchen erfunden.

Köppel, Horst

Schaut aus wie ein Pastor. Wird wahrscheinlich nie Meister, dafür aber irgendwann einmal heilig gesprochen.

Körbel, Charly

Gelobt sei, was hart macht. 602 Bundesligaspiele wird so schnell keiner mehr schaffen.

Körperbetontes Spiel

Ich frage mich: Muß das unbedingt beim Fußball sein?

Körperloses Spiel

Davon hab' ich noch nie was gehalten. Mit Körper (weiblich) ist's mir wesentlich lieber.

Kohler, Jürgen

Den Unterschied zwischen ihm und Maradona möchte ich Klavier spielen können. Dann müßte ich jeden Tag ein Konzert vor ausverkauftem Haus geben.

Kolumnist

Einer, der den Aktiven nicht mehr in den Hintern zu kriechen braucht. Deshalb ist er bei denen nicht gerne gesehen.

Kombination

Ich kombiniere wie Sherlock Holmes, daß ich für Traumkombinationen deutscher Fußballer heute über den Brenner nach Italien muß.

Konditionstraining

Ich hab' vernommen, die Profis wollen diese Quälerei zur neuen Saison abschaffen.

Konietzka, Timo

Als Torjäger ein Großer. Seitdem er Trainer ist, glänzt nur noch die Kuh am linken Ohrläppchen.

Konter

Ob beim Boxen, ob beim Fußball: Wer sich einen einfängt, hat hinterher fürchterliche Kopfschmerzen.

Kopfball

Mit leerem Kopf köpft's sich leichter. Was Samstag für Samstag in der Bundesliga bewiesen wird.

K.-o.-Sieg

Klassische Form: Eine Elf stürmt 89 Minuten, kassiert in der 90. das 0:1. Dann liegen alle auf den Brettern.

Krankl, Hans

Einziger Trainer, der noch nie was gewonnen hat. Der „Erfinder des flachen Schusses" wollte einst unbedingt im Hochhaus wohnen. Der Verein besorgte ihm eine Bleibe im Wolkenkratzer – allerdings war's eine Parterre-Wohnung…

Kreativität

Solche „Sauereien" gibt's in der Bundesliga nicht.

Kreisel, Schalker

Wenn Szepan und Kuzorra den aufzogen, wurde jedem Gegner schlecht.

Kritik I

Schon Eugen Roth sagte: „Wer Wahrheit liebt, der urteilt scharf – vorausgesetzt, daß er das darf."

Kritik II

Wer sich über Kritik ärgert, gibt zu, daß er sie verdient hat.

Krügel, Heinz

Wurde als Sportdirektor mit dem FC Magdeburg 1974 Europasieger der Pokalsieger. Dennoch: Für mich war Krügel stets ein Möbelhaus.

Kürten, Dieter

Falls der Gegner gefoult wird, hält er eine salbungsvolle Rede. Am Schluß entschuldigt sich der Gefoulte beim „Sünder".

Kurzpaß-Spiel

Waren wohl wieder mal die Stollen zu kurz…

Langpaß

Die Mehrzahl unserer „Künstler“ beherrscht nicht mal den kurzen. Das liegt wohl daran, daß es noch keinen Ball mit Henkel gibt.

Latte

Ich bewundere die Torhüter. Die schaffen's, den Ball über die eigene Latte zu heben. Sollte man auch mal probieren.

Lattek, Udo I

Hat schon viele Pokale bis zur Neige ausgekostet. Ganz gleich, welches Getränk drin war.

Lattek, Udo II

Für einen guten Manager reicht's halt nicht, einfach einen blauen Pullover anzuziehen. Mit einer fertigen Elf (wie damals bei den Bayern) Erfolg zu haben, ist nicht schwer. Aus Schrott (wie in Köln) eine Spitzenmannschaft zu formen, ist, trotz der Häßler-Millionen, eine andere Sache – gell, Udo?

Lattenknaller I

Es ist eine alte Weisheit: Wo keine Latte, da kein Knaller...

Lattenknaller II

Ein Treffer ans Holz ist immer noch besser als ein Brett vor dem Kopf.

Laufen

Machen Fußballer am wenigsten gerne.

Legionäre

Lernen in der Landessprache als erstes die Zahlen. Damit sie sich bei den Gehaltsverhandlungen nicht verhauen. Wissen meist auch perfekt über Dollar- und Aktienkurse Bescheid.

Leipzig, VfB

Jürgen Sundermann wurde nach seinen Erfolgen in Stuttgart als „Wundermann" gefeiert. Es wird einiger seiner Wunder bedürfen, damit der VfB das Abenteuer 2. Liga überlebt.

Leistung I

Wird allgemein mit der Formel „Kraftarm x Hebelarm" definiert. Das kapiert nur ein Professor mit Müh' und Not. Wie soll's dann erst ein Fußballer verstehen.

Leistung II

Reporter zum Bundesliga-Profi: „Sie haben zehn Jahre lang Fußball gespielt..."
Fußballer unterbricht ihn: „Ich hab's zehn Jahre probiert."
Darauf der Presse-Mann: „Warum haben Sie dann nicht aufgehört?"
Der Star: „Der Präsident hat mich nicht gelassen. Er gab mir jedes Jahr unaufgefordert mehr Geld."

Lemke, Willi

Sieht mit seiner Goldrandbrille gar nicht danach aus: Doch Werder Bremens Manager hat's faustdick hinter den Ohren.

Libero

Wird wohl aus dem Lateinischen liber (=das Buch) abgeleitet. Ich vermute, es ist der einzige Spieler, der lesen kann.

Libuda, Reinhard

„Stan" war der geborene Filou. Auf und außerhalb des Spielfelds...

Linienrichter

Drehen ihr Fähnchen leider viel zu oft in den Wind. Und der kommt meist von den Zuschauerrängen der Heimmannschaft.

Linksaußen

Dort werden die eingesetzt, die früher schon auf der Straße das Spiel kaputtgemacht haben.

Linksfüßler

Die Mehrzahl unserer hochbezahlten Kicker hat gleich zwei linke Füße.

Lippens, Willi, alias „Ente"

Lieber eine gebratene Ente auf dem Teller als eine lahme Gans am Hals.

Littbarski, Pierre

O-Haxen wie ein Dackel, schnell wie ein Windhund.

Liverpool

Heimat der Pilzköpfe (Beatles), aber auch der Hohlköpfe. Schrecklichere Hooligans gibt's auf der Welt nirgendwo.

Lizenz

Schön, wenn man sie hat. So manchem Verein wird sie entzogen. So manchem Spieler gehört sie entzogen.

Löwen

„Kampfname“ des TSV 1860 München. Der Klub, der aus den größten Möglichkeiten das geringste gemacht hat. Wie der Name schon sagt, ein Turn- und Sportverein. Und wird dazu von einer Frau, Lilo Knecht, geführt. Doch Löwen-Lilo gehört an den heimischen Herd und nicht auf den Fußballplatz.

Lokalderby

Einmal im Jahr riesige Freude für den Kassier.

Magath, Felix

Im Gegensatz zu seinem Vornamen als Spieler unglücklich. Immerhin war er zweimal Vize-Weltmeister.

Magdeburg, FC

Andere Burgen haben schöne Fräuleins, die nur 'ne Magd. Und wo sind die kampfstarken Ritter?

Maier, Sepp

Berühmt für seine Glanzparaden, berühmt für seine Sprüche. Sein bester: Wie lang ist der Schwanz des Tigers? Antwort: Ungefähr 80 Zentimeter. Maier darauf: „Nennen Sie mich ruhig Herr Tiger."

Management

Ist die schöpferischste aller Künste; es ist die Kunst, Talente richtig einzusetzen.

Manager I

Haben in der Regel keinen blassen Schimmer vom Fußball. Verdienen aber mit dem Fußball komischerweise das meiste Geld.

Manager II

Der Job, den ich in meinem nächsten Leben ergreifen werde. Da kannst dich in der Sonne aalen, verkaufst für viel Kohle deine besten Spieler. Und die Verantwortung hält sich auch in Grenzen: Läuft's schief, dann feuerst einfach einen Trainer.

Manchester United

Als George Best noch bei den Briten stürmte, war United das leistungsfähigste Trinkerheim des internationalen Fußballs.

Mannschaftsbesprechung

Die beste machte Rapid Wiens Trainer Uridil. Der sprach vorm Spiel: „Wir sind 11, die anderen sind 11. Wir spielen unser Spiel – und hinterher gibt's a Sekterl."

Mannschaftsbus

Fast so schön wie eine Siegprämie: Schließlich warten auf der Heimfahrt scharfe Videos und eisgekühlter Schampus auf die Recken.

Mannschaftsgeist

Im Profi-Fußball nur noch selten vorzufinden. Wird dafür durch Kirsch-, Birngeist oder andere geistige Getränke ersetzt.

Maradona

Der beste Fußballer der Welt ist seit seinem kokainbedingten Abgang nur noch Schnee von gestern.

Marktwerte

Meist handelt es sich dabei um „falsche Fuffziger".

Maskottchen

Ob Sau, ob Geiß, ob Aff', ob Bär – Hauptsache ist, das Tor bleibt leer.

Matthäus, Lothar

Hat mit seinen Gewaltschüssen auswärts die meisten Erfolge.

Matthews, Stanley

Der sagenhafte englische Rechtsaußen wurde sogar von der Queen geadelt. Und für jeden Sir gilt: Adel verpflichtet. Deshalb blieb Stan wohl bis zu seinem 50. Lebensjahr aktiv.

Mauer

Man kann sie mit Gewalt, aber auch mit Raffinesse zum Einsturz bringen.

Meckern

Wenn einer meckert, sieht er die gelbe Karte. Da braucht er gar nicht meckern.

Meisterschafts-Ambitionen

In den meisten Fällen reine Luftschlösser. Um so härter fällt zehn Monate später die Bauchlandung aus.

Meniskus

Wird von manchen Verteidigern dem Gegner ohne örtliche Betäubung entfernt.

Menotti, Cesar Luis

Und ewig raucht bei „El Flaco" (der Dünne) der Schornstein...

Merkel, Max

Ich bin einer der Größten – 1,87 Meter.

Michels, Rinus

Einziger Trainer, der vor lauter Bosheit versucht hat, sich selbst in den Hintern zu beißen. Machte selbst nach dem Gewinn der Europameisterschaft 1988 noch ein Gesicht wie das November-Wetter – trüb und mies.

Milla, Roger I

Machte den Lambada auch im Fußballstadion hoffähig.

Milla, Roger II

Faszinierte mit seinem Lambada jeden Torwart. Der schaute daraufhin nicht mehr auf den Fuß, sondern auf die Hüften von Kameruns Torjäger. Das Ergebnis ist bekannt: Gegentreffer!

Mittellinie

Es gibt Abwehrspieler wie Sand am Meer, denen man es bei einer empfindlichen Geldstrafe verbieten müßte, diese Linie zu überschreiten.

Möller, Andreas

Manchmal ein Genie, manchmal eine Pfeife. Muß nur aufpassen, daß die Fans nicht irgendwann einmal ganz auf seine Künste pfeifen.

Mönchengladbach

In dem Dorf wurde wohl der Fußball erfunden. Ob Vogts, Bonhof oder Heynckes – alle Ex-Spieler haben heute als Trainer Erfolg und reichlich Kohle. Wie in der Genesis zu Adam und Eva der liebe Gott, muß hier der Fußball-Gott gesagt haben: Gehet hin und vermehret euch. Pech ist nur, daß die Mannschaft zur Zeit wie die ersten Menschen spielt.

Moore, Bobby

Wollte nach dem WM-Titel '66 mehr und fiel als Trainer fürchterlich aufs „mouth".

Müller, Gerd

Machte einmalige Tore – sogar mit dem Allerwertesten.

Müller, Hansi

Lieber gut geschminkt als vom Leben gezeichnet.

Müller-Wohlfahrt, Hans-Wilhelm

Ob er der schönste Vereinsarzt ist, weiß man nicht. Den schönsten Laufstil hat er auf alle Fälle.

Muskelkater

Kommt bei Profis höchst selten vor – warum auch? Viel schlimmer ist der Kater nach Niederlagen oder Siegen. Dann allerdings vom Feiern.

Nachholspiel

Bringt Bewegung in den Terminplan. Wenn's allerdings um nichts mehr geht, sollte man es dem Publikum ersparen.

Nachschlag

Den beherrschen auf dem Spielfeld und bei den Vertragsverhandlungen 99% aller Profis.

Nachschlagen ohne Ball I

Pfui, pfui – macht man denn so was?

Nachschlagen ohne Ball II

Einzige Disziplin, in der's auch Hooligans zu Höchstleistungen bringen.

Nachschuß

Stinkt meist zum Himmel, und manchmal bleibt was in der Hose.

Nachspielzeit

Hab' ich schon in der Schule gehaßt. Kommt selten etwas Gutes dabei raus.

Nachtreten

Kann man durchaus machen. Man darf sich nur nicht dabei erwischen lassen.

Nachwuchsspieler

Wird weder vom Trainer noch vom Manager gemacht. Den machen immer noch die Frau Mama und der Herr Papa.

Nationalhymne

Viele Spieler bewegen dabei lediglich den Mund – weil sie den Text nicht auswendig können. Oft aber auch das einzige Lied, das Nationalspieler singen, ohne einen Pfennig Geld dafür zu bekommen.

Neapel, SSC

War mal eine tolle Fußball-Elf. Inzwischen als Kokain-Connection bekannter.

Netzer, Günter

Toller Spielmacher mit Riesen-Latschen. Die könnte er sogar im Fall eines Schiffbruchs als Kähne benutzen.

Neuberger, Hermann

Ober-Guru des Fußballs. Macht, wie man hört, alles ehrenamtlich. Ich aber hab' das Gefühl, er lebt auch davon nicht schlecht.

Neururer, Peter

Seine Sprüche sind schon absolut bundesligareif. Ich wünsche ihm, daß sie ihn auch mal auf Dauer dorthin bringen.

Neutraler Platz I

Deutet schwer auf ein 0:0 hin. Oder: Rien ne va plus.

Neutraler Platz II

Vor dem Betreten sollte man die kugelsichere Weste anziehen.

Nichtantreten

Beherzigen leider zu wenige Bundesliga-Klubs.

Niederländer

Es ist nicht alles Käse, was holländisch ist. Große Fußballer und große Absahner. Für einen Gulden treiben sie eine Filzlaus von Amsterdam nach Rotterdam.

Niedersachsenstadion

In Hannover wird schon lange nicht mehr Fußball gespielt. Deshalb sollte man es an die Zeugen Jehovas vermieten. Dann wär's endlich auch mal wieder voll.

Nordquist, Björn

Gehört zum erlauchten Kreis derer, die mehr als 100 Länderspiele auf dem Buckel haben. Aber wer hat von dem Schweden schon je gehört?

Normalform

Die Trainer sind in der Regel schon froh, wenn ihre „Künstler" überhaupt irgendeine Form erreichen.

Notbremse

Mit ihr bringt man nicht nur den Orient-Expreß, sondern auch den besten Stürmer zum Stehen.

Nürnberg, 1. FC

Beim Club gibt's wie im gesamten Frankenland große und kleine Würstchen.

Numerierung

Für Fußballer ein Muß. Sonst sind mehr als 22 Spieler auf dem Rasen.

Oberkörper-Einsatz

Langjährige aufopferungsvolle Recherchen haben mich überzeugt: Mit dem Unterkörper macht's mehr Spaß.

Objektiv

Er versteht von der Sache nichts, also ist er objektiv.

Österreichischer Fußball

Seit dem I. Weltkrieg haben die „ösis" keinen Zugang zum Meer mehr. Deshalb haben ihre Fußballer auch unheimliche Probleme mit Insel-Kickern. Färöer läßt grüßen...

ÖFB

Beim Österreichischen Fußball-Bund klappt nix – außer der Mittagspause. Deshalb will man die jetzt auch verlängern.

Offensiv-Verteidiger

Sehr schwierige Position. Denn was ist besser: verteidigen oder angreifen?

Offizielle

Sind bei jedem Verein gegenüber den Aktiven in der Überzahl.

Ohne Ball

Ich kenne keinen, der damit spielen könnte.

Olympia

Jeder legt jeden rein.

Olympique Marseille

Das ganze Gegenteil des olympischen Gedankens („Teilnehmen ist wichtiger als Siegen"). Mit viel Geld erkauft sich Olympique große Leistungen.

Ordner

Am dümmsten, wenn sie eine Uniform anhaben. Dann hält sich jeder gleich für einen General.

Osieck, Holger

Er saß nie oben. Dafür immer an der richtigen Stelle.

Ost-Vereine

Es ist besser nichts zu tun, als mit viel Mühe nichts zu schaffen.

Overath, Wolfgang

Wo er mitspielte, da war guter Rat nie teuer.

Paarung

Muß nicht unbedingt im Fußball sein.

Pärchenbetrieb

Es gibt Puffs, da muß man die eigene Frau mitbringen. Kostet dann nur 50 Mark Eintritt und ist somit billiger als der Besuch eines Bundesligaspiels. Und amüsanter ist's allemal.

Papierform

Wenn man nach ihr geht, liegt man meist falsch. Merk' ich jeden Sommer, wenn ich für die BILD-Zeitung meine Bundesliga-Vorschau schreibe.

Parade

Wenn's eine militärische ist, ist sie absolut überflüssig. Wenn sie der Torwart macht, bin ich begeistert.

Parkstadion

Gelsenkirchens verbautes Unikum. Aber wenigstens funktioniert die Rolltreppe von den Kabinen zum Spielfeld.

Pause

Lieblingswort unserer Fußball-Profis.

Pausentee

Wirkt am besten, wenn man ihn auf Tausendmark-Scheinen kredenzt.

Pele

Der Zauberer hatte mit 17 Jahren im Fußball schon all das vergessen, was andere in diesem Sport ihr Leben lang nicht wissen werden.

Pfeifen

Sitzen in der Regel auf der Bank.

Pfeifenmann

Bekommt kaum Honorar, verbraucht reichlich Freizeit. Frage: Warum macht er's überhaupt?

Physiotherapeut

Früher hieß er ganz einfach Masseur. Aber auch mit neuem Namen ist und bleibt er der Ober-Einreiber.

Platini, Michel

Ohne den schwarzgelockten Magier hätte Frankreich bis heute noch keinen internationalen Titel gewonnen.

Platzwahl

Erinnert mich immer an Graf Bobby, der im Zug sein Gegenüber bat: „Können wir nicht die Plätze tauschen, damit ich mir nicht mehr ihr blödes Gesicht anschauen muß?"

Pokal-Auslosung

Im Fernsehen lustiger als die Muppets-Show. Der Ziehungsleiter rührt und rührt die Los-Kapseln in der Glas-Vase. Er rührt auch dann noch eifrig, wenn nur noch eine Kapsel im Pott liegt.

Pokalspiele I

Für den Verein die größte Sch... Der lobt für jeden Spieler 10000 Mark Prämie aus. Zum Spiel aber kommen nur 5000 Zuschauer, bringen gerade 70000 Mark in die Kasse.

Pokalspiele II

Die Chance der Kleinen, den Großen endlich mal in den Arsch zu treten.

Pokalspiele III

Immer für eine Überraschung gut.

Positionswechsel

Mehr das Metier der Erika Berger. Die sollte vielleicht mancher Trainer mal anrufen und wegen dieser komplizierten Materie um Rat fragen.

Prämie

Kann nie hoch genug sein. Die einzige Injektion, die nicht wehtut.

Präsidenten

Glauben in der Mehrzahl noch immer daran, daß der Fußball nur deshalb springt, weil in seinem Inneren ein Frosch ist.

Praterstadion

Die Wiener haben's toll umgebaut. Fragt sich nur, für was…

Pressekonferenz

Noch witzloser als das Spiel zuvor. Läuft immer nach dem gleichen Schema ab. Pressesprecher: „Darf ich vorstellen, das ist Trainer Pimpfhuber von Haudanebenus und das Trainer Salvermoser vom FC Schienbeinknacker. Haben Sie noch Fragen?"

Prohaska, Herbert

Seine Mannschaft spielt so langsam wie er redet.

Punktlieferant

Das ist wie bei den Kaufleuten: Der eine liefert, der andere kassiert.

Puskas, Ferenc

Begnadeter Fußballer, aber privat... Gab mal sein Geld für eine Salami-Fabrik. Am Ende wußte der Ungar alles über die Herstellung der Dauerwurst, dafür hatten sein Geld die anderen.

Qualifikationsspiel

Die schönsten Qualifikations-Erfolge nützen nix, wenn man beim Hauptereignis nur auf den Hintern kriegt.

Querelen

Beliebtes Gesellschaftsspiel in der Bundesliga. Am besten beherrschen's die Herren im Vorstand.

Querlatte

Obwohl sie immer 2,12 Meter hoch ist, hängt sie für viele Stürmer zu niedrig.

Querpaß

Mal spiel' ich kreuz, mal spiel' ich quer – und der Gegner irrt umher.

Radenkovic, Petar

Wäre besser bei der TUI als im 1860-Tor aufgehoben gewesen. Machte als Keeper nämlich am liebsten Ausflüge bis weit über die Mittellinie.

Rahn, Helmut

Machte 1954 Deutschland erstmals zum Weltmeister. Schon damals fiel er nicht wegen unzureichender Ernährung auf. Wenn er heute bei Prominentenspielen kickt, ist er mit seinen über 100 Kilogramm mit Sicherheit der schwergewichtigste Rechtsaußen der Welt.

Ramsey, Alf

War als Trainer 1966 mit England Weltmeister. Seine wichtigste Arbeit dabei: Zündete Super-Star Bobby Charlton in der Halbzeit regelmäßig sein Beruhigungs-Zigarettchen an.

Raumdeckung

Damit können die wenigsten was anfangen.

Rausschmiß

Für uns Trainer heißt's: Geheuert, gefeiert – gefeuert!

Real Madrid

Vornehmster Klub der Welt. Zuletzt waren die Spieler sogar zu vornehm, um zu siegen.

Reamateurisieren

Erster Schritt zur zusätzlichen Altersversorgung der Profis.

Reinders, Uwe

Als Rostock-Trainer erfolgreicher als früher als Spieler. Da siegte er nicht mal im Spiel-Casino.

Rehhagel, Otto

Zu ihm fällt mir ein: Wem wenig genug ist, dem ist nichts zu wenig.

Relegationsspiel

Licht am Ende des Tunnels.

Reuter, Stefan

Hat immer eine gute Presse. Ist ja auch der einzige Fußballer, der eine eigene Nachrichtenagentur hat.

Revanchefoul

Trittst du mich, dann tret' ich dich. Und der Schiri uns beiden in den Hintern.

Rijkaard, Frank

Spielt gut, spuckt aber noch besser.

Ristic, Aleksandar

Bestbezahlter Lehrbub des deutschen Fußballs.

Rom, AS und Lazio

Indirekte Ableger von Romulus und Remus. Wobei wohl Romulus (AS) mehr Milch abbekommen hat.

Rote Karte

Wenn die gezückt wird, hat sie selten einer verdient. Der „Sünder" treuherzig zum Schiri: „Es war der Wind, der Wind – das himmlische Kind."

Rotsünder

„Jeder Sünder hat eine Zukunft, jeder Heilige eine Vergangenheit", meinte Oscar Wilde.

Rummenigge, „Kalle"

Einst ein „Rotbäckchen" und eine „Rummelfliege" – später dann Schreckgespenst für jede Abwehr.

Russischer Fußball

Kaum hatte Michail Gorbatschow die Perestroika ausgerufen, da blickten die Fußballer nicht mehr durch. Bei der WM '90 ließen sie sich wie eine Touristen-Truppe abfieseln.

Rutemöller, Erich

Nach dem verlorenen Pokalfinale '91 hätte er singen können: „Wer wird denn weinen, wenn wir auseinandergehen."

Saisonbeginn

Der Bauch der Fans ist voller Kribbeltierchen

Salatschüssel

Die Meisterschale ist so häßlich, daß mir bei ihrem Anblick jeglicher Appetit vergeht.

Sammer, Matthias

Samma in Stuttgart, samma in Mailand? Ja, wo samma denn?

Sanchez, Hugo

Seine Salti waren noch berühmter als seine Tore.

Schalke 04

Seit Szepan und Kuzorra eine ziemlich müde Veranstaltung. Im Parkstadion haben sie sich von den Kabinen zum Spielfeld sogar eine Rolltreppe eingebaut. Damit sich die Herren Stars nicht schon vorm Match kräftemäßig verausgaben.

Schiedsrichter I

Pfeifenchor der Ahnungslosen.

Schiedsrichter II

Die Idealgröße wäre 25 Zentimeter – immer auf Ballhöhe...

Schiedsrichter ans Telefon

Wurde schon oft angeboten. Leider hat sich noch nie einer daran gehalten.

Schiedsrichter-Beleidigung

Beginnt erst ab „Arschloch" aufwärts.

Schillaci, Salvatore

„Toto" und seine Tore waren für Italien bei der WM '90 so viel wert wie ein Sechser im Lotto.

Schlagerspiel

Die wenigsten halten, was man sich vorher von ihnen versprochen hat.

Schlappner, Klaus

Früher mußte man Meister werden – heute reicht zur Berühmtheit schon eine Mütze. Und ein hessischer Dialekt, den ohne Dolmetscher kein Mensch versteht.

Schlußlicht

Kleiner Trost: Auch eine rote Ampel wird irgendwann mal wieder grün.

Schön, Helmut

Der Gentleman der Trainerzunft. Wollte eigentlich Gelehrter werden. Als das nicht klappte, wurde er halt Weltmeister.

Schottischer Fußball

McGeiz, der Rangers-Trainer, kommt in die Kabine: „Toll gespielt, Jungs. Jetzt habt ihr euch eine Erfrischung verdient. Hey, Brian – mach' mal das Fenster auf!"

Schulte, Helmut

Wer im „Freudenhaus" von St. Pauli Furore machte, der läßt sich auch im „Zwinger" zu Dresden keine Fesseln anlegen.

Schumacher, Toni

Zog bei seinen Ausflügen so manchem Stürmer den Zahn...

Schuster, Bernd

In der Nationalelf fiel der „blonde Engel" schnell in Ungnade. In Spanien aber ließen ihm die Fans zum Dank Messen lesen.

Schwalbe

Eine solche macht nicht immer einen Elfer.

Schwarzer Mann

Was für uns Kinder früher der Krampus (Nikolaus) war, das ist für die Bundesliga-Asse heute der Schiri. Und wenn sich der nicht durchsetzen kann, dann heißt's: „Wer hat Angst vorm Schwarzen Mann mit Namen Kindermann?"

Seitenlinie

Der ideale Partner für Rechts- und Linksaußen.

Seitenwahl

Ziemlich überflüssig. Schließlich muß jede Elf je 45 Minuten auf einer Seite spielen.

Seitenwechsel

Bringt weit weniger Ärger als ein Seitensprung.

Selbstüberschätzung

Wenn der Esel ein großer Esel ist, hält er sich für ein Pferd.

Sex vorm Spiel

Kommt ein Fußballer vom Arzt und jammert: „Er hat gesagt, ich hab' nur noch 75 Schüsse frei."
Die entsetzte Ehefrau: „Da müssen wir ja einen Plan machen."
Der Star: „Hab' ich schon gemacht – aber du stehst nicht drauf."

Sommerfußball

Legen viele Mannschaften auch im Winter hin.

Sommerpause

Nicht nur da sind die Herren Stars „reif für die Insel".

Sonntagsschuß

Macht dem Schützen und seiner Elf auch am Freitagabend Freude.

Spanische Fußballer

Weltmeister im Erfinden von Ausreden. Nach Niederlagen war's entweder zu heiß oder der Wind wehte zu stark. Oder es waren die Kerzen, die vorm Spiel in der Kirche aufgestellt wurden, zu kurz.

Sparwasser, Jürgen

Als er bei der WM '74 für die „DDR" zum 1:0 gegen Deutschland traf, stand dem großen Favoriten plötzlich das Wasser bis zum Hals.

Spielfeld

Ohne das könnte man nicht spielen.

Spielintelligenz

Trainer zum Spieler: „Was meinen eigentlich Sie als Unbeteiligter zum Thema Intelligenz?"

Spielerkauf

Viele Vereine kaufen offensichtlich nach dem Kochbuch ein.

Spielertrainer

Der glücklichste Fußball-Akteur überhaupt. Kann sich selbst auswechseln, wenn ihm der Dampf ausgeht.

Spieler-Vermittler

Sind ausgestorben. Heute nennen sie sich Manager. Das ist zwar im Prinzip nichts anderes, doch es klingt besser.

Spielmacher

Lieber den Ball am Fuß als die Nase auf dem Rasen.

Spiel ohne Ball

Wichtigste Voraussetzung, um in der Bundesliga mitmischen zu können. Denn mit Ball beherrschen dieses Spiel die wenigsten.

Spitzeln

Wer's im Leben nicht immer wieder auf die Spitze treibt, stumpft ab.

Sportgericht

Wird der Sünder gefragt: „Sind Sie vorbestraft?"
Antwort: „Nein, immer erst nachher."

Sportkanal

Auf diesem TV-Sender entdeckte ich ganz neue Sportarten. Zum Beispiel „Wrestling". Da wird man mit Einverständnis der Zuschauer verarscht.

Sportrichter

Schon Ludwig Thoma sagte: „Er war Jurist – und auch sonst von mäßigem Verstande..."

Sportschau

Eine genügt schon lange...

Stadionsprecher

Der einzige, der beim Fußball auch im Winter warme Füße hat.

Stammplatz

Den kann man überall haben: In der Mannschaft, auf der Reservebank – oder gar auf der Tribüne.

Stange, Bernd

Nomen ist in diesem Fall nicht omen. Denn Bernd war stets der bestgekleidete Ost-Trainer, trug nie was von der Stange.

Stars

Heiner Geißler brachte es auf den Punkt: „Die Berühmtheit mancher Fußballer hängt mit der Dummheit der Bewunderer zusammen."

Stehen lassen

Find' ich immer noch besser, als einen ziehen lassen.

Stein, Uli

Kassiert die irrsten Gegentore der Bundesliga. Mal aus 60 Metern, mal drückt er die Kugel mit dem Hinterkopf selbst rein. Apropos: Mit dem Kopf war bei Stein noch was – verdammt, mir fällt's nicht mehr ein...

Stellungsspiel

Es gibt Stellungen (speziell aus dem Asiatischen), die sind alles andere als ein Spiel. Die sind Schwerarbeit!

Stiles, Nobby

Wenn er die Schneidezähne rausnahm, gruselte es jedem Gegner. England wurde wahrscheinlich deshalb 1966 Weltmeister.

Stoßen

Mit was, ist die Frage – und vor allem: mit wem?

Strafraum

Manche Stürmer glauben, sie werden bestraft, wenn sie ihn betreten.

Stutzen

Am liebsten wäre es den Profis, die würden anstatt mit Schienbeinschützern mit Geld-Scheinen ausgepolstert.

Supercup

Die meisten Spiele, in denen darum gespielt wird, sind eine Riesen-Enttäuschung. Sollte deshalb in Suppen-Cup umgetauft werden.

Superstars

Leider produzieren Väter und Mütter keine mehr.

Tabelle

Zeigt am Sonntag gnadenlos, welchen Stuß man am Samstag zusammengespielt hat.

Tätlichkeit

Sieht der Schiri diesen Tritt, kann man einen längeren Urlaub antreten.

Taktik I

Auch die ausgeklügelste nützt wenig, wenn der Gegner nicht darauf reinfällt.

Taktik II

Man soll nichts komplizieren, wenn es auch einfach geht.

Tapie, Bernard

Der größte Blender im internationalen Fußball. Hat's mit seiner Kohle immerhin geschafft, Franz Beckenbauer, die Lichtgestalt des deutschen Fußballs, für ein Jahr nach Marseille zu locken.

Technik

Wer davon ausreichend hat, kann auch im Smoking Fußball spielen.

Tischfußballer

Die meisten Funktionäre. Sie treffen am „grünen Tisch“ Entscheidungen, die von den aktiven Fußballern ausgebadet werden müssen.

Tor

Ein Narr, wer den Ball da reinläßt.

Torjäger

Ich hatte bei 1860 München mal einen, der war nicht nur Tor-, sondern auch Schürzenjäger.

Torpfosten

Ob rund, ob eckig – im Weg steht er in jedem Fall.

Trainer

Gutbezahlter Prügelknabe. Versagt die Mannschaft, ist er der erste, der den Abflug machen muß.

Trainer auf der Tribüne

Der Schiri ließ mit der roten Karte grüßen.

Trainer-Assistent

Zu meiner Zeit völlig unnötig. Aber dann kam das Arbeitsamt mit den sogenannten Arbeitsbeschaffungs-Programmen.

Training

Für Bewegung an der frischen Luft zahlt mancher einen Haufen Geld. Unsere Profis bekommen sogar noch etwas dafür.

Trainingsbelastung

Arme, arme Fußballer. Für das viele Geld, das sie kassieren, müssen sie auch noch arbeiten.

Trainingseinheit

Ein Pusterl links, ein Pusterl rechts – gemma unter die Dusch'n.

Trauerspiele

Irgendwann werd' ich all jene Spiele, die mir in meinem Leben schon angetan wurden, einmal aufzählen. Aber das Buch wird dicker als die Bibel. Wetten daß...?

Traumelf

Manche Mannschaft spielt so, als hätte der Trainer die Aufstellung im Schlaf gemacht.

Tribüne

Auf ihr betreiben die selbsternannten Prominenten mit Vorliebe ihre Öffentlichkeits-Arbeit.

Trick

Es steht einem Stürmer gut zu Gesicht, wenn er wenigstens einen solchen auf Lager hat.

Trikot-Tausch

Sieht man oft nach Länderspielen. Allerdings noch nie – sehr zu meinem Leidwesen – bei Frauen-Spielen. Also, meine Damen, auf geht's! Schließlich seid ihr doch emanzipiert.

Trikots über der Hose

Wohin soll man's auch stecken, wenn in der Hose kein Platz mehr ist...

Trikot-Werbung

In Österreich werden sogar die Hinterteile der Spieler noch mit Firmen-Logos beklebt. In Sachen Werbung sind die „ösis" absolute Weltmeister. Irgendwo müssen sie ja dann auch Weltmeister sein...

Turnieratmosphäre

Zwischen den Fan-Gruppen der verschiedenen Teilnehmer meist sehr angespannt. Manchmal liegt dabei sogar Blei in der Luft.

CHRRRRRRRRR
CHRRRRR

Über den Ball säbeln

Mißhandlung der Stadion-Luft.

Übungsleiter

Ein Lehrer für unbelehrbare Fälle.

UEFA

Abkürzung für „Europäische Fußball Union". Vielleicht heißt's aber auch Unheimlich Eingebildete Fußball-Ahnungslose.

UEFA-Pokal

Internationaler Trostpreis für die nicht errungene Meisterschaft.

Uerdingen, Bayer

Hoffentlich beschließt die Konzern-Zentrale in Leverkusen bald: Geldhahn zu, Ableger tot.

Umdribbeln

Fußballerische Abart des althergebrachten Ringelreihen-Tanzes.

Umsäbeln

Daher kommt wohl der Name Säbelbeine.

Ungarischer Fußball

Gute Technik, Spielwitz. Aber gerissene Menschen. Wenn ein Ungar hinter dir in eine Drehtür geht, kommt er garantiert vor dir wieder raus.

Unabsichtliches Handspiel

Bei Maradona war's einst die „Hand Gottes". Manche sind halt mit allen Ölen gesalbt.

Unbespielbarkeit des Platzes

Dann gemma halt wieder hoam.

Unfair

Ist dann der Fall, wenn dich der Gegner nicht gewinnen läßt.

Unhaltbar

Wo liegt das Problem? Dann laß ihn halt rein!

Unmotivierter Spieler

Ein Tausender extra macht jedem Beine.

Unparteiischer

Trägt immer Schwarz. Und die Mannschaften, die er gepfiffen hat, danach Trauer.

Unsportlichkeit

Schon der große Churchill sagte: „Sport ist Mord."

Unterbrechung

Wäre den Herren Profis eine kleine Erfrischung gefällig?

USA

Stell' dir vor, es ist Weltmeisterschaft und keiner geht hin…

Verbotenes Spiel

Dazu gehören: Pokern, Verlieren, Unter-die-Gürtellinie-Treten, Fremdgehen. Und: Geld liegenlassen.

Verein

Alles, was mehr als drei Mitglieder hat, schimpft sich bei uns schon Verein.

Vereinschef

Der Student studiert. Der Arbeiter arbeitet. Und der Chef scheffelt...

Vereinsfarben

Unsere Klubs sind meist so träge, daß nur die etwas Farbe ins Spiel bringen.

Vereinsjubiläum

Lieber Feste feiern als feste arbeiten.

Vergeben

Herr, vergib' unseren Fußballern. Denn sie wissen nicht, was sie zusammenspielen.

Verlängerung

Hier gilt manchmal: Überstund' hat Gold im Mund.

Verlegenheitself

Fast jede Elf wird aus der Verlegenheit geboren. Wenn nicht, dann hat der Herr Vereinsarzt eine Wunderspritze.

Verletzung

Es gibt Spieler, die machen auch mit einer klaffenden Platzwunde weiter. Und dann gibt's welche, die lassen sich sogar wegen eines aufgeplatzten Pickels auswechseln.

Versetzen

Schlimm auf dem grünen Rasen. Noch viel schlimmer, wenn man bei einem Rendezvous im Regen steht.

Versöhnliche Geste

Man streckt dem Gefoulten die Hand hin und tritt ihm nebenbei mit dem Fuß in die „Familie".

Verstecktes Foul

Megaout – seitdem es das Fernsehen gibt.

Verstolpern

Schuld ist immer der Maulwurf, der frecherweise ein Hügelchen in den Rasen gemacht hat.

Vertrag

Ein offizieller ist gut, ein inoffizieller ist besser.

Vertragsspieler

Hat Gehalt und Wohngeld sicher.

Verwarnung

Früher reichte dem Schiedsrichter dazu der Zeigefinger. Heute braucht er eine bunte Karte dafür.

Videobeobachtung

Der Spion, der aus der Technik kam.

Vier-Schritte-Regel

Setzt vor allem voraus, daß man bis vier zählen kann.

Vier-Zwei-Vier-System

Will man das kapieren, benötigt man schon einen Mathematik-Professor.

VIP-Raum

Darin befinden sich all jene, die angeblich von irrem Prestige sind. Eintritt hat von denen freilich nie einer bezahlt.

Vizemeister

Schmeckt so gut wie alkoholfreies Bier. Bei beiden bleibt ein schaler Nachgeschmack.

Völler, Rudi

Einer der weltbesten Stürmer. Aber auch als Spuckempfänger tauglich.

Vogts, Berti

Terrier mit Beißerqualität.

Vollblutstürmer

Die Bluttransfusion, die aus einem Durchschnittskicker einen Vollblutstürmer macht, haben sie noch nicht gefunden.

Vollstrecker

Arsen in die Suppe, und man kommt ganz schnell ans Ziel.

Vorbereitungsspiel

Nur komisch, daß es danach im richtigen Match so selten gut klappt.

Vorentscheidung

Davon reden unsere Sportreporter, mutig wie sie nun mal sind, erstmals beim Stand von 9:0.

Vorlage

Wird nur im äußersten Notfall gegeben. Schließlich will man am Montag ja selbst groß in der Zeitung stehen.

Vorsätzliches Foul

Kommt häufiger vor als der Gattenmord. Wird aber viel seltener bestraft.

Vorstand I

Menschen, die das große Glück haben, daß sich ihre Wähler nur alle paar Jahre um sie kümmern.

Vorstand II

Steht davor und haut hintenrum alle in die Pfanne.

Vorvertrag

Sollte man am besten bei drei Vereinen gleichzeitig unterschreiben. Irgendeiner bleibt dann am Ende schon hängen.

Wadenkrampf

Ich hatte mal einen Spieler, der rief zu unserem Masseur raus: „Hilfe, ich hab' einen Krampf, ich hab' einen Krampf!"
Antwort des Muskelkneters: „Halt ihn fest!"

Waldstadion in Frankfurt

Besser als Waldtheater bezeichnet. Dort spielt nämlich Zwietracht Frankfurt. Man weiß jedoch nie: Wird's eine Komödie oder ein Trauerspiel.

Wandervögel

Vögel gibt's im Fußball genügend. Und manche wandern halt auch mal.

Warmmachen

Mit welchen Trikots spielen wir heute: Mit rosa oder lilablaßblauen?

Weisweiler, Hennes

Sammelte als Trainer Meisterschaften wie andere Bierdeckel. Die hätte er allerdings auch sammeln können...

Weitblick

Der Weitblick mancher Leute besteht darin, die nächsten Probleme zu übersehen.

Weiträumiges Spiel

Wissen Sie, warum um die Spielfelder ein Zaun gezogen wurde? Sonst würden manche Spieler vor lauter Blindheit aus dem Stadion laufen.

Weltauswahl I

Die Guten ins Töpfchen, die Schlechten ins Kröpfchen.

Weltauswahl II

Oh, mei. Die, die für eine Weltauswahl wirklich in Frage kämen, sind heute schon über 45.

Weltmeister

Ich kenne Spieler, die wissen heute noch nicht so genau, wie sie's eigentlich geworden sind.

Wembleystadion

Fußballer, der du dorthin kommst, laß alle Hoffnung fahren.

Werbeverträge I

Möchte ein jeder haben, nur wenige bekommen sie.

Werbeverträge II

Der FC Homburg warb einst für „London". Doch auch die Verhüterli konnten den Abstieg nicht verhindern. Hoffentlich erfüllen sie anderweitig ihren Zweck.

Wettkampfverhalten

Meiner ist hart, darauf wettet jeder Mann.

Wiederaufstieg

Fester Vorsatz: Dieses Mal machen wir alles besser.

Wimpel

So mancher Verein zog aus mit bunten Wimpeln und kehrte heim mit wunden Pimpeln...

Winterpause

Wann man sie auch immer macht, sie kommt immer zu früh.

Wirtschaftsbeirat

Dort wird Fußball-Mikado gespielt: Wer sich als erster rührt, hat verloren.

WM-Hostessen

Beim Anblick dieser schnuckeligen Persönchen kommt selbst ein Eunuch ins Grübeln. Nicht so die Funktionäre der FIFA. Die zählen zwar zu den „VIP's – very important persons." Doch ans „Important" glauben sie wohl nur selber. Impotent trifft schon eher zu.

Wohlers, Horst

„Fussel" schaffte in der Saison 1990/91 ein Kunststück: Zuerst brachte er als Trainer Uerdingen in Abstiegsnöte, dann vollendete er sein Werk in St. Pauli – Abstieg!

Wunderteam

Hatten die Österreicher in der glorreichen Vergangenheit. Heute mußt' dich wundern, daß sie überhaupt noch ein Team haben.

Wunschgegner

Am liebsten spielt man immer noch gegen 11 „Blinde".

X

Y
7
10

X-Beine

Die schönsten hatte Toni Schumacher. Wenn der Torwart die Knie zusammenpreßte, ging drunter noch locker ein Ball durch.

Yoster of Ascot

So einen „Wadlbeißer" wünsche ich jeder Hintermannschaft. Mein Yorkshire-Terrier Danny beißt in alles, was sich bewegt.

Youngster

Kein Job für Ungeduldige. Du mußt nämlich warten und warten und warten. So lange, bis ein Alter mal aufhört.

Zampano

Wenn einer mal aus Versehen die Kiste trifft, hält er sich schon für so einen.

Zeitlupe

Bei manchen Spielen braucht man dafür nicht extra eine Spezialkamera zu installieren.

Zeitschinden

Stöhnt der leidgeprüfte Fußballer vor allem bei knapper Führung: Ach, laßt mich doch nur ein paar Sekunden ausruhen.

Zeitspiel I

Hauptbeschäftigung unserer Profis. Domenica macht's vornehmlich bei älteren Herren.

Zeitspiel II

Haben 90 Minuten vielleicht doch mehr 5400 Sekunden?

Zenga, Walter

Der angebliche Weltklasse-Torwart von Inter Mailand kostete bei der WM '90 Gastgeber Italien durch einen kapitalen Bock gegen Argentinien den Einzug ins Finale. Dem Vernehmen nach soll er zum neuen Mannschaftskapitän ernannt werden. Wie seine Armbinde aussehen wird, weiß ich jetzt schon: Gelb mit drei schwarzen Punkten drauf.

Zentralstadion

So heißt die Arena in Leipzig. Leider ist das weder zentral noch ein Stadion. Eher schon ein veredeltes Abörtchen.

Zerrung

Bei vielen ist in dem Fall nur der Simulantisimus gezerrt.

Ziehharmonika-Taktik

Im Gegensatz zum Instrument ist beim Fußball nur beim Auseinanderziehen Musik drin.

Zielwasser

Ich empfehle „Weinzierl" Grüner Veltiner. Danach hat man kein Problem, einen Ball zu treffen. Die Auswahl ist riesengroß...

Zitterspiel

Kenne keinen Trainer, der bei einem Spiel noch nicht gezittert hat.

Zoff, Dino

Mit diesem italienischen Torwart hatten fast alle gegnerischen Stürmer Dauer-Zoff.

Zufallstor

Da weiß man nie, wem man gratulieren soll.

Zurechtlegen

Beim Elfer oder Freistoß kann man sich den Ball zurechtlegen. Ich persönlich bedaure nur, daß ich mir den Ball beim Tennis nicht zurechtlegen kann.

Zurückhängen

Bei Freistößen hängen die Akteure in der Mauer vorsichtig ihre „Gebrauchsgegenstände" zurück.

Zuschauer-Rekord

Rekorde sind dazu da, um gebrochen zu werden. Obwohl die Zuschauer heutzutage finanziell schon längst nicht mehr die erste Geige spielen. Was ARD/ZDF, SAT 1 oder RTLplus für TV-Übertragungen hinblättern, kann ein volles Haus bei weitem nicht bringen. Die Schatzmeister freut's. Sie sitzen dadurch immer in der „ersten Reihe"...

Zweckfußball

Der Zweck ist, den Ball ins Tor zu bringen. Nur schade, daß das oft vergessen wird.

Zweikampfhärte

Lieber hart als weich – sagt meine Frau.

Zweikampfverhalten

Die Neandertaler benutzten dazu Keulen, Bundesliga-Spielern reichen schon Aluminiumstollen.

Zweite Liga

Ohne die gäb's keine erste.

Zweitklassig

Viele spielen in der 1. Liga, und keiner weiß, warum.

Zwischenergebnis

Ich hatte beim FC Augsburg mal einen Präsidenten, der gratulierte mir bei einer Führung schon immer zur Pause zum Sieg. Leider mußte ich ihn belehren: „Vielen Dank, Herr Präsident. Aber wir haben ja noch 45 Minuten zu spielen."

100 x rund ums runde Leder...

Bei aller Härte im Fußball – etwas Platz muß für den Humor schon auch noch bleiben. Mir hat während meiner Karriere ein guter Schmäh oder ein lustiger Witz oft mehr bedeutet als die schönste Prämie. Schließlich sagt man nicht zu Unrecht „Lachen ist der Spaziergang für die Seele". Und wenn's „drinnen" nicht stimmt, dann kannst du weder als Trainer noch als Spieler eine große Leistung bringen. In diesem Buch hab' ich versucht, den Fußball auf die Schippe zu nehmen, nicht so bierernst zu sehen. Ich hoffe, daß ich dadurch meine Leser zum Lachen gebracht habe.
Über was ich herzhaft lachen kann, hab' ich im folgenden Teil niedergeschrieben – nette Witze rund ums runde Leder. Alle sind jugendfrei. Den einzigen, der dieses Prädikat nicht ganz verdient, stelle ich gleich an den Anfang: „Du, Mama – bekommen Huren eigentlich auch Kinder?"
„Ja, freilich. Wo meinst' denn, daß sonst die Fußballer herkämen...?"

①

Sagt der Fußballer zum Psychiater: „Vielen Dank, Herr Professor. Sie haben mich von meinem Größenwahn befreit. Wie viele Millionen bin ich Ihnen schuldig?"

②

Tobt der Bundesliga-Star: „Ich lasse mir von keinem vorwerfen, ich sei ein Ja-Sager. Ganz im Gegenteil: Wenn unser Trainer nein sagt, sag' ich auch nein."

③

Doziert Bayern-Manager Uli Hoeneß vor dem Neueinkauf: „Einem guten und fleißigen Spieler zahlen wir auch gerne ein hohes Gehalt."
Da schüttelt der Spieler den Kopf: „Ich hab' mir doch gleich gedacht, daß da etwas faul ist."

④

Der Mittelstürmer zu seinem Gegner: „Ich hab' vor dreißig Jahren das Licht der Welt erblickt."
Meint sein Kontrahent: „Kann nicht sein – du bist ja noch heute blind."

⑤

„Toll, daß ihr den Gullit geholt habt", lobt der Präsident des Gastvereins.
„Das waren wir unseren Fans schuldig", meint der Heim-Boß.
„Aber der Mann kostet doch ein Vermögen", wundert sich der erste.
„Das sind wir unserer Bank schuldig", kontert der zweite.

⑥

„Trinken Sie?" fragt der Trainer den neuen Star.
„Nein, nie!"
„Rauchen Sie?"
„Nur dann, wenn ich besoffen bin."

⑦

„Nun, wie fühlen Sie sich, nachdem ich Sie von der Idee befreit habe, Sie wären Diego Maradona?", fragt der Psychiater.
„Ganz toll, Herr Doktor. Und die Rechnung schicken Sie bitte an den SSC Neapel."

⑧

Beim Psychiater klingelt das Telefon. Eine tiefe Stimme sagt: „Mir macht Konditionstraining Spaß. Können Sie mir helfen?"

⑨

„Verzeihen Sie, Trainer. Ich hab' mich aus Versehen auf Ihre Brille gesetzt."
„Macht nichts. Die hat schon Schlimmeres gesehen."

⑩

Schiri zum Spieler: „Wie heißen Sie?"
„Mein Name ist Lang."
„Macht gar nix – ich hab' Zeit."

⑪

„Na, wie fanden Sie das Training heute morgen", fragt der Reporter den Spieler.
„Ach, wie immer. Ich ging von der Umkleidekabine auf den Platz – und das war's."

⑫

Doziert der neue Trainer: „Ich bin weit herumgekommen, hatte Riesen-Erfolge. Ja, mir lag sogar schon mal ein König zu Füßen."
Meint der Mittelstürmer: „Der muß Ihnen aber beim Kartenspielen heruntergefallen sein."

(13)

Reporter zum Präsidenten: „Ihrem Klub scheint es ja wirklich nicht gutzugehen, oder?"
„Stimmt. Wenn nicht ab und an der Gerichtsvollzieher vorbeischauen würde, hätten wir wochenlang keinen Besucher."

(14)

Schiri zum Spieler: „Was haben Sie denn für ein Paar Fußballschuhe an: Einen schwarzen von adidas und einen roten von Puma?"
„Toll, was? Und daheim hab' ich noch mal das gleiche Paar."

(15)

Der Bundesliga-Torwart will sich vornehm geben. Leider gelingt ihm das nicht immer. So erzählt er im Sportstudio folgende Geschichte: „Letzte Woche bin ich plötzlich schwer erkrankt. Mitten in der Nacht mußte ich unseren Vereinsarzt insultieren, der mich sofort mit in ein Krematorium nahm. Dort mußten mir schließlich alle fünf Minuten kalte Komtessen auf den Bauch gelegt werden."

(16)

Spielervermittler zum Manager: „Ich habe zwei Torjäger anzubieten. Der eine kostet fünf, der andere zwei Millionen Mark Ablöse."
Fragt der Manager: „Und was ist der Unterschied?"
„Drei Millionen."

⑰

Die Spieler rennen beim Konditionstraining was das Zeug hält. Fragt plötzlich einer: „Wohin laufen wir eigentlich?" Antwortet ein anderer: „Offensichtlich Richtung Süden – ich fang' schon zu schwitzen an."

⑱

Klagt der Präsident: „Nur gut, daß wir im Januar und Februar nicht spielen. Alle anderen Monate zahlen wir nämlich bärig drauf."

⑲

Nach der gründlichen Untersuchung fragt der Nationalspieler den Arzt: „Nun, Herr Doktor, was halten Sie jetzt von mir?"
„Tja, mein Lieber, lassen Sie es mich mal so sagen: Ein Haus in Ihrem Zustand würde man abreißen..."

⑳

Vor dem Sportgericht.
„Angeklagter, haben Sie noch etwas zu sagen?"
„Nein, Herr Vorsitzender. Ich schließe mich den Ausreden meines Verteidigers an."

㉑

Als sich der Linksaußen im Morgengrauen ins Trainingslager schleicht, erwartet ihn schon der Trainer: „Wo haben Sie sich denn rumgetrieben. Ich hab' die ganze Nacht kein Auge zugemacht."
„Ja, glauben Sie ich..?"

22

Vereinsarzt zum Manager: „Was macht Ihr altes Leiden?"
„Ich hab' mich vor vier Wochen von ihr scheiden lassen."

23

Verkündet der Trainer: „Ab sofort ist jeden Tag um 7 Uhr morgens Waldlauf."
Sagt der Verteidiger: „Okay, Trainer. Sollte ich nicht pünktlich da sein, dann fangen Sie ruhig schon mal ohne mich an."

24

„Meine Herren", stellt sich der neue Trainer vor, „ich bin eine Seele von Mensch. Nur im Dienst bin ich ein Scheusal. Und für Sie bin ich immer im Dienst!"

25

Schwärmt der Spieler seinem Bewacher vor: „Bei meinem Verein erreiche ich alles, wenn ich nur drohe, daß ich zu meinem alten Klub zurückgehe."
„Hast du's gut. Wenn ich das zu meinem Trainer sage, bestellt er gleich ein Taxi."

26

Bei der Musterung.
„Beruf?" fragt der Feldwebel.
„Pianist", lautet die Antwort.
„Dann ab in die Sportkompanie!"
„Aber..."
„Nix aber. Wir brauchen unbedingt noch einen, der gut auf dem Flügel spielt."

(27)

Fußball im Fernsehen. Maradona schießt ein Super-Tor, wird von seinen Mitspielern umarmt und abgebusselt. Flüstert die Gattin ihrem Mann ins Ohr: „So lieb warst du auch mal zu mir."

(28)

Arzt schreibt dem Fußballer: „Der Scheck, den Sie mir nach Ihrem letzten Besuch gaben, ist zurückgekommen."
Antwort: „Die Meniskusreizung, die Sie angeblich behoben haben, auch..."

(29)

Beklagt sich der Vereinsboß beim Trainer: „Ich finde, unser Mittelstürmer ist in allen Belangen langsam."
Korrigiert der Coach: „Stimmt nicht ganz. Er wird unheimlich schnell müde."

(30)

„Sie brauchen mehr Bewegung", fordert der Arzt nach der Untersuchung, „gehen Sie jeden Tag zwei Stunden spazieren."
„Vor oder nach dem Training?" fragt der Bundesliga-Profi.

(31)

Frühstück im Haus des Berufs-Fußballers.
„Da ist schon wieder einer von der Zugspitze gefallen", liest die Ehefrau aus der Zeitung vor.
Ihr Mann: „Selber schuld. Was hat er auch vorne auf der Lokomotive zu suchen..."

(32)

„Vorsicht, der Parkettboden ist frisch gebohnert und spiegelblank", warnt die Großmutter den Sprößling, der im Wohnzimmer Fußball spielt.
„Keine Angst, Omi – ich hab' Metallstollen unter den Schuhen."

(33)

Sommerpause, der Trainer kann endlich in Urlaub. Am Zielort angekommen, fragt er den Bürgermeister: „Ist das Klima hier gesund?"
„Und wie! Wir mußten unseren ältesten Einwohner sogar vergiften, damit wir endlich den neuen Friedhof einweihen konnten."

(34)

Warum tragen die Ostfriesen beim Fußball ein Messer in der Tasche?
Damit sie die Bälle besser anschneiden können...

(35)

Der Fußballer geht zum erstenmal in die Oper.
„Warum bedroht der Herr da vorne die Dame auf der Bühne ständig mit seinem Stock?“ fragt er seinen Sitznachbarn.
„Das ist der Dirigent und außerdem bedroht er sie nicht.“
„Ja, aber warum brüllt sie dann so?“

(36)

Erdkunde-Unterricht in Hamburg.
„Wo liegt Bayern?“ will der Lehrer wissen.
Klein-Maxl: „Meistens an der Tabellenspitze!“

(37)

Nach der 0:9-Packung fragt der Trainer seinen Linksaußen: „Wann bekomme ich denn von Dir mal was Ordentliches zu sehen?“
„Heute abend im Werbe-Fernsehen. Da stell' ich meine neue Ochsenschwanz-Suppe vor.“

(38)

Geht der Profi zum Essen.
„Bringen Sie mir ein Steak. Schön abgehangen, genau 240 Gramm schwer, nicht zu fett, aber auch nicht zu mager und innen nicht zu blutig.“
„Sehr wohl mein Herr“, meint der Kellner, „und welche Blutgruppe darf's sein?“

(39)

Der Edelfan sitzt vor der Glotze: „Bis jetzt ein tadelloses Fußballspiel. Nur die Tore fehlen.“
Mault seine Frau: „Bist Du blind? Da stehen doch zwei.“

(40)

Noch ein Tag bis zum Spitzenspiel. Der Star torkelt nach durchzechter Nacht sturzbetrunken ins Trainingslager. Vor der Tür wartet schon der Trainer und schreit: „Ich bin völlig sprachlos!"
„Bleiben Sie es Trainer, bleiben Sie es..."

(41)

Dem Torjäger tut jeder Knochen weh.
„Was hältst Du eigentlich von Akupunktur?" fragt ihn der Vereinsarzt.
„Bloß nicht, ich bin schon zu Hause bei meiner Alten reichlich Sticheleien ausgesetzt."

42

Unterhaltung am Trainingsplatz.
„Männer", fragt der Trainer, „seht ihr da hinten die Mücke auf der Eckfahne?"
Die Mannschaft im Chor: „Nein!"
„Okay, dann brechen wir das Training ab – wegen schlechter Sicht."

43

Ehekrach bei den Hubers während der WM.
Schimpft sie: „Mit der Nationalmannschaft gehst du schlafen, mit der Nationalmannschaft stehst du auf. Das sollte ich mir mal erlauben."

44

Der Trainer wütend zu seinem Kapitän: „Du hast jetzt zum fünften Mal Geld aus meiner Brieftasche geklaut, hast ein Verhältnis mit meiner Frau, und meine Tochter bekommt ein Kind von dir. Sollte noch das geringste vorfallen, schmeiß' ich dich aus der Mannschaft!"

45

Der kleine Hans schwänzt ständig die Schule, um auf den Fußballplatz zu gehen. Eines Tages redet ihm der Lehrer ins Gewissen: „Du mußt regelmäßig zum Unterricht kommen. Weißt du denn nicht, was aus einem Jungen wird, der nicht lernen will und statt dessen lieber Fußball spielt?"
„Ja, sicher weiß ich das. Der kommt in die Bundesliga und wird Millionär."

46

Coach zum Stürmer: „Du warst heute wirklich nicht schlecht. Nur zwei Dinge werden dich daran hindern, ein großer Fußballstar zu werden: dein linkes und dein rechtes Bein."

47

Beklagt sich die Ehefrau während der TV-Übertragung eines Fußballspiels bei ihrem Mann: „Du, unsere Tochter macht mir Sorgen. In jeder freien Minute sitzt sie da und strickt und strickt. Und immer nur Strampelhöschen."
„Sei doch froh. So fängt sie wenigstens nichts mit den Kerls an."

48

„Was ist eigentlich ein Sportjournalist?" will der Sohn von seinem Vater wissen.
„Das ist ein Mann, der schon am Samstag genau weiß, welche Mannschaft am Sonntag gewinnen wird. Und der am Montag genau erklärt, warum diese Mannschaft am Sonntag verloren hat."

49

Was passiert, wenn ein Fußball platzt?
Der Amerikaner wirft ihn weg und kauft sich einen neuen.
Der Engländer bringt ihn zum Flickschuster.
Der Deutsche studiert ein Handbuch über die Reparatur von Fußbällen.
Der Franzose schreibt einen Beschwerdebrief an die Fabrik.
Der Italiener schimpft auf den Schiedsrichter.
Und: Der geizige Schotte hört mit dem Fußballspielen auf.

50

„Mann, bin ich durstig", stöhnt der Mittelstürmer zur Pause.
Fragt der Trainer: „Soll ich dir ein Glas Wasser bringen?"
„Ich bin durstig, nicht dreckig."

51

Graf Bobby liest in der Zeitung, daß Pele mit dem Fußballspielen Schluß gemacht hat.
„Wenn ich nur wüßte, wer der andere ist, der mit Pele aufgehört hat", jammert er seinem Freund vor.
„Welcher andere?", fragt der.
Darauf Graf Bobby: „Na, da steht doch: Mit ihm trat einer der besten Fußballer aller Zeiten ab."

52

Die Mutter schickt ihren Sprößling zum Einsatz beim Schülerspiel mit den Worten: „Sei schön brav und amüsier' dich gut."
„Ja, was denn nun?"

53

Der Super-Star doziert vor der Weltpresse: „Ab sofort setze ich mich für die bedrohte Tierwelt ein. Als erstes trage ich bei Spielen im Winter keine Pudelmutze mehr."

54

„Wie hoch ist mein Gehalt?" will der talentierte Nachwuchsmann vom Manager wissen.
„Zuerst 6000 Mark netto. Später dann mehr."
„Okay, dann komm' ich später wieder."

(55)

„Viel trennt dich nicht mehr von einem Idioten", giftet der Vorstopper seinen Gegenspieler an.
„Richtig, etwa ein halber Meter."

(56)

Der Trainer der Damen-Mannschaft: „Fräulein Susi, ihre Kollegin Heidi hat sich darüber beschwert, daß Sie zum Training stets in aufreizender Kleidung und ohne Büstenhalter erscheinen. Das dulde ich nicht. Sie sind gefeuert, Fräulein Heidi!"

(57)

Unterhaltung zwischen zwei Nationalspielern.
Der eine: „Ich hab' mir gestern einen tollen Renner gekauft. Der ist in sechs Sekunden von null auf hundert."
„Das schaff' ich ja in einer Sekunde", kontert der andere, „auf der Waage."

(58)

Fußballspiel in Schottland. Zur Platzwahl wirft der Schiri eine Münze in die Luft.
Ergebnis: 400 Verletzte.

(59)

Zwei Profis unterhalten sich darüber, wie sie ihr Gehalt anlegen.
„Ich investiere in Steuern", meint der eine, „die steigen bestimmt."
„Und ich", sagt der andere, „lege meine Kröten in Alkohol an. Wo sonst bekomme ich bis zu 75 Prozent?"

(60)

Nach dem verlorenen Europacup-Finale kramt der ehrgeizige Kapitän einen Revolver aus der Sporttasche und setzt sich den Lauf an die Schläfe. Als er die entgeisterten Blicke seiner Kameraden sieht, meint er: „Schaut nicht so blöd. Ihr seid die nächsten!"

(61)

Gebet eines geplagten Profis: „Lieber Gott, wir haben unseren Konditionstrainer sehr lieb. Aber wenn du ihn noch lieber magst – Dein Wille geschehe…"

(62)

„Der neue Torjäger muß ein Junggeselle sein", meint der Manager, „er kommt jeden Morgen aus einer anderen Richtung zum Training.

(63)

Der Schiri beschwert sich beim Trainer: „Ihr Kapitän hat mich altes Rindvieh genannt."
„Sauerei", brüllt der Coach, „ich habe meinen Burschen schon immer gesagt: Beurteilt einen Menschen nie nach seinem Äußeren."

(64)

Der Reporter zum Präsidenten: „Stimmt es, daß Sie einen neuen Schatzmeister suchen?"
„Ja, und den alten leider auch."

(65)

Jahrelang hat der schwerreiche Unternehmer Millionen in seinen Lieblingsklub gesteckt. Alles vergebens. Nur Pleiten, Pech und Pannen – Abstieg statt Aufstieg. Plötzlich stirbt er. Als das Testament eröffnet wird, freut sich schon der ganze Klub aufs Erbe. Und tatsächlich liest der Notar am Ende der Testamentseröffnung vor: „Natürlich möchte ich auch mein Team in meinem letzten Willen erwähnen: Ich wünsch' alles Gute für die neue Saison, Jungs."

(66)

Manager zum Präsidenten: „Wie soll ich den Betrag verbuchen, mit dem unser Kassierer durchgebrannt ist?"
„Natürlich unter laufende Ausgaben."

(67)

Prahlt der Neuzugang: „Und noch was, Jungs: Ich kann Französisch, Englisch, Spanisch, Griechisch und Italienisch.„
„Sprechen?"
„Nein, essen."

68

Nachdem er den Patienten untersucht hat, meint der Arzt: „Sie sollten regelmäßig Sport treiben."
Stöhnt der Patient: „Das tu' ich doch jeden Tag. Ich bin Schatzmeister eines Fußballklubs und ringe jeden Tag um unsere Existenz."

69

Der Nationalspieler kommt mit dem dicken Knöchel zum Orthopäden.
„Mann", schimpft der, „waschen Sie sich erst mal die Füße."
„Das hat mir mein Hausarzt auch geraten. Aber ich dachte, ich frage vorher erst mal eine Kapazität."

70

Erzählt der Profi dem Reporter: „Gestern bin ich von einer 10 Meter hohen Leiter gefallen."
„Und Sie haben sich nichts gebrochen?"
„Nein, ich stand ja erst auf der ersten Sprosse."

71

Trainer zum Torjäger: „Wie rennen Sie denn rum? Trikot außerhalb der Hose, Stutzen runtergerollt, Schuhe schmutzig.„
Der Spieler lässig: „Was wollen Sie eigentlich, Trainer. Einen Killer oder einen Dressman?"

(72)

Bei der Managertagung in Frankfurt meint Uli Hoeneß zu seinem Leverkusener Kollegen Calmund: „Also, ich find' die Suche nach einem neuen Star per Computer einfach unmenschlich."
Calmund: „Richtig. Wir haben unseren Libero noch ganz normal beim Pokern gewonnen."

(72)

Der Nationalspieler wird gefragt: „Wissen Sie eigentlich, daß Sie viel mehr verdienen als der Bundeskanzler?"
„Ja freilich. Aber haben Sie Helmut Kohl schon mal Fußballspielen sehen ...?"

(74)

Am Trainingsplatz schaut der kleine Steppke ganz andächtig dem Torwart beim Üben zu.
„Na", fragt der Keeper, „willst wohl auch mal Torwart werden?"
„Nein, aber mein Bruder, der faule Hund."

(75)

Der Fußballtrainer nach der vierten Niederlage in Folge zum Präsidenten: „Heute hab' ich den Spielern aber klargemacht, was eine Mark wert ist."
„Na, und jetzt?"
„Jetzt wollen sie die Prämien in Schweizer Franken.„

(76)

Partygeflüster.
„Was sind Sie eigentlich von Beruf?" will die Dame des Hauses wissen.
„Ballistiker, gnä' Frau."
„Ach, wie aufregend. Dann kennen Sie ja sicher Franz Bekkenbauer und Maradona persönlich."

(77)

Der Präsident zum Bewerber: „Unsere Mannschaft braucht einen Mann mit Tatkraft und Energie, Ehrgeiz, Entschlossenheit und Feuer. Einen Mann, der niemals aufgibt, einen, der andere begeistert und mitreißt. Kurz: Wir brauchen einen Mann, der die Koffer vom Mannschaftsbus zu den Umkleidekabinen trägt."

(78)

Ein Trainer droht dem anderen: „Ich warne dich. Wenn du nicht aufhörst, mit unserem Torwart zu verhandeln – dann mußt du ihn nehmen."

(79)

Bundesliga, Europacup, Weltmeisterschaft – der Vater sitzt nur vor der Glotze. Als die Bildröhre zischend ihren Geist aufgibt, knipst die Mutter das Licht an. Vater dreht sich um und staunt: „Mein Gott, Junge. Was bist du groß geworden."

(80)

Der Profi kommt strahlend nach Hause.
„Ich habe unserem Präsidenten gesagt, daß ich unmöglich mit meinem Gehalt auskomme."
„Na, und?", fragt seine Frau.
„Er hat dir schon einen Halbtagsjob besorgt."

(81)

„Und Sie sind also der berühmte Fußballtrainer", sagt die junge Dame, „ich hatte Sie mir eigentlich ganz anders vorgestellt."
„Ja, wie denn: alt, häßlich und dick etwa?"
„Nein, genau das Gegenteil."

(82)

„Beim Bundesligaspiel ist's so hart zugegangen", erzählt Marion ihrer Freundin, „da hat einer im Zweikampf sogar die Hosen verloren."
„Dann hat er wohl ein feuerrotes Gesicht bekommen, oder?"
„Weiß ich nicht. Aufs Gesicht hab' ich nicht geschaut."

83

Drei Schulbuben prahlen mit ihrer Verwandtschaft.
Der erste: „Mein Onkel ist Pfarrer. Alle sagen ‚Hochwürden' zu ihm."
Der zweite: „Meiner ist Kardinal und alle nennen ihn ehrfürchtig ‚Eminenz'."
Meint der dritte abschätzig: „Is doch gar nix. Mein Onkel ist Fußballer. Wenn der spielt, schreien alle: ‚Mein Gott'..."

84

Treffen sich zwei Abwehrspieler.
Meint der eine: „Und, wie geht's?"
Der andere: „Och, man schlägt sich halt so durch."

(85)

Der Stürmer kommt am Tag vorm großen Spiel zum Training und murmelt neben dem schwerhörigen Coach: „Wenn du wüßtest, was ich für eine heiße Nacht hatte, während du taube Nuß zu Hause gesessen bist."
„Nix ist es mit der tauben Nuß", gibt der Trainer zurück, „ich war in der Stadt und hab' mir ein Hörgerät gekauft."

(86)

„Wieso dreht unser Torwart seine Zigaretten jetzt eigentlich selbst?", will der Präsident vom Manager wissen.
„Der Arzt hat ihm etwas Bewegung verordnet."

(87)

„Fritzchen, wann wurde die Nationalelf erstmals in einem Buch erwähnt?“ will der Sportlehrer wissen.
Antwort: „In der Bibel. Schon da steht geschrieben: Sie trugen seltsame Gewänder und irrten planlos umher.“

(88)

„Wie teuer sind bei Ihnen die Zimmer?“ will der Manager vom Hoteldirektor wissen.
„Tja, das kommt auf die Lage an“, meint der.
„Dann gibt's keine Probleme. Unsere Spieler schlafen immer auf dem Rücken.“

(89)

Schiri-Obmann zum Bundesliga-Referee: „Verdammt noch mal! Jetzt haben sie schon im fünften Jahr die Prüfung zum FIFA-Schiedsrichter nicht geschafft.“
„Ja, was kann denn ich dafür, wenn die immer die selben dämlichen Fragen stellen.“

(90)

„Tore schießen können Sie ja“, meint der Coach nach dem Probetraining zum Stürmer, „aber ich hab' gehört, daß das Trinken Ihre große Schwäche wäre.“
„Ganz im Gegenteil, Trainer. Trinken ist meine größte Stärke!“

(91)

Was haben ein Bergwerk und ein Fußballer gemeinsam?
Die Kohlen und Stollen müssen stimmen.

92

Der Trainer fragt seinen Torwart: „Weißt du, welche zwei Worte am häufigsten gebraucht werden, wenn von deinen Fangkünsten die Rede ist?"
„Keine Ahnung."
„Genau!"

93

„Mein lieber Mann", doziert der Torwart vorm Reporter, „noch wichtiger als tolle Paraden sind bei einem Keeper noch immer Geist und Verstand."
„Verstehe", meint der Zeitungsmann, „da kommt ja noch der Seltenheitswert dazu."

(94)

Der FC Bayern wird im Stadion von Madrid mit folgenden Worten empfangen: „Wir sind stolz darauf, eine Mannschaft begrüßen zu dürfen, die aus dem Land von Goethe und Schiller stammt."
Beugt sich der Verteidiger zum Kapitän rüber und meint: „Goethe und Schiller – spielen die bei unseren Amateuren?"

(95)

Auf dem Arbeitsamt.
„Wie viele Stellen hatten Sie in den letzten drei Jahren?"
„Sechs."
„Ach, Sie sind also Gelegenheitsarbeiter?"
„Nein, Bundesligatrainer."

(96)

„Der Trainer und ich hatten heute einen fürchterlichen Krach", berichtet der Torjäger dem Manager.
„Keine Panik, das kommt in jedem Arbeitsverhältnis mal vor."
„Das schon, aber ich weiß nicht, wohin mit der Leiche?"

(97)

ZDF-Reporter zum Profi: „Ihr war't doch erst neulich zum Europacup in der Schweiz. Wie hat euch denn das Matterhorn gefallen?"
„Ach, wissen Sie, wir sind ja leider alle völlig unmusikalisch."

(98)

Der neue Trainer zum Mannschafts-Kapitän: „Ich heiße Stein. Und mein Name ist gleichzeitig Programm. Und wie heißen Sie?"
„Steinbeißer!"

(99)

Der Fußballfan beschwert sich beim Manager: „Für 20 Mark hab' ich aber schon bessere Spiele gesehen."
Meint der Manager: „Aber bestimmt nicht bei uns."

(100)

Und dann war da noch der kürzeste Fußballwitz:
Gehen zwei Fußball-Fans an einer Kneipe vorbei...